圖解系列

圖解

五南圖書出版公司 印行

意見調查分析

陳耀茂 / 編著

閱讀文字

理解內容

觀看圖表

圖解讓
意見調查分析
更簡單

序言

　　意見調查不問業種、領域，是在各種場合中所實施的資料蒐集活動的一種方式。意見調查的目的也涉及多方面，如在顧客滿意度調查中，見到企業所實施的調查，以為了獲得解決問題的指針而進行的居多；而像大學的教育研究機構，所實施的調查是為了驗證研究者所提出的假設而進行的例子，也屢見不鮮。

　　意見調查過去依賴專門機構來實施的情形甚多。可是，由於最近個人電腦的普及與資料處理軟體的出現，從問卷的設計到調查結果的累計、分析均可由自己來完成。因之意見調查的實施比過去增加，同時調查的重要性也與日俱增。如果不能正確掌握顧客希望什麼、有何不滿等，如不能提供給顧客感到滿足感的商品時，企業就無法存續。

　　本書的撰寫是以實施意見調查的人為對象。學習有關意見調查的計畫與分析的基本知識是目的所在。本書的特徵是活用 SPSS 進行資料的累計與分析。提出 SPSS 的理由，是因為它提供非常充實的資料累計的功能，以及分析資料的豐富手法，並且也是世界上非常普及的軟體，可信度非常高。

　　本書的構成如下。

　　第 1 章是就意見調查中的計畫階段的留意事項加以敘述。如要調查多少人才好？以及製作問卷時需要注意哪些地方等進行解說。

　　第 2 章是針對資料的特徵加以敘述。意見調查的資料，與使用測量器以物理方式測量的資料是不同的。因此，對資料的處理方法要特別地考量。

　　第 3 章是資料的累計方法與利用圖形的表現方法。意見調查中所得到的資料的累計方法是以單純累計與交叉累計為基本。以 SPSS 進行此累計以及圖形化的表現方式。

　　第 4 章是敘述以統計的方式分析比率的方法。意見調查的累計結果以比率來整理的情形甚多。此章是介紹分析比率的手法。

　　第 5 章是敘述分割表的分析方法。分割表是交叉累計後所得結果之表，解說統計上分析此表的手法。

第 6 章是介紹統計上分析平均值的方法。如意見調查的回答結果得到的是像年齡或收入等的量性資料時，其以注視平均值來分析的甚多，因此敘述其分析方法。

第 7 章是敘述相關分析。相關分析是掌握數量資料之間關係的所需手法，以及敘述處理順位資料的方法。意見調查中讓回答者填寫順位的詢問有很多，因之解說統計上處理等級或稱順位的手法。

第 8 章是介紹對應分析，這是將質性資料的關聯圖式化的手法。

第 9 章是路徑分析，路徑分析是一種用來分析變項間因果關係（Causal relation）的統計方法。

第 10 章是結構方程模式分析（Structural equation modeling, SEM）是使用於分析因果關係模式的統計方法，亦可以進行路徑分析（Path analysis, PA）、因素分析、迴歸分析和變異數分析。

閱讀本書後，建議可閱讀本書的姊妹作（五南出版），即《圖解多變量分析》、《圖解品質管理》、《圖解類別資料分析》等。

陳耀茂 謹誌於
東海大學

CONTENTS 目錄

第 1 章
意見調查

本章內容

1.1 意見調查的基本

1.1.1 何謂意見調查

■ 意見調查與問卷調查

　　將人們的意見或感覺當作資料來蒐集的方法稱意見調查（Enquete）。所謂意見調查，是事先準備好問卷，透過對問題的回答方式，了解回答者的意見或感覺的一種資料蒐集方法。通常，詢問因為是以文章表示在紙面上，所以也稱為問卷調查（Questionnaire）。最近也有利用電子郵件或網路進行意見調查的作法，所以「問卷」的稱呼方式變得名不符實。

　　意見調查原本是指利用郵寄的問卷來調查之意，但一般對於不利用郵寄的方法也使用問卷調查的用語，因之本書不僅是利用郵寄的方法，對於使用問卷的調查方法也稱為意見調查。

■ 意見調查的進行方式

　　意見調查最好以如下所表示的 4 大步驟來進行：

1. 計畫的規劃
2. 準備與實施
3. 累計與分析
4. 報告與活用

　　首先，規劃意見調查的計畫，並基於該計畫實施意見調查。接著，累計及分析利用意見調查所蒐集的資料，將其結果整理成報告書等文件。同時，將結果活用於今後的改進行動上。以如此的一連串流程去進行調查、累計、分析。

　　意見調查成功與否的關鍵在於最初的步驟即「計畫的規劃」。如實施了計畫不周全的意見調查，將無法蒐集品質佳的資料。而品質不佳的資料，不管使用哪一種統計手法來分析，從分析結果所推導的結論其可靠性不僅甚低，甚至無法獲得今後行動指針之可能性也甚高。

　　意見調查的「準備與實施」階段其具體內容如下：

1. 問卷（詢問文與回答文）的製作
2. 預備調查
3. 問卷（詢問文與回答文）的修正
4. 其他的準備（調查員的教育、會場的確認等）
5. 正式調查的實施

　　從上述的 1. 到 4. 相當於準備，5. 相當於實施。2. 的預備調查是為了提高問卷完成度而進行的。以沒有時間為理由，而不實施預備調查就進行正式調

查的情形雖然經常可見，然而這是意見調查流於失敗的原因之一。意見調查所使用的詢問文與回答文，從一開始即製作周全是相當困難的，實施之後才發覺不全的情形也時有所聞。因此，預備調查的實施，可以想成是不可欠缺的過程。

如實施了意見調查，就要進入到累計與分析的作業。此處要注意的是，待數據蒐集之後，才決定累計與分析的方法此種態度是不正確的。

Tea Break

> 待數據蒐集之後，才決定累計與分析的方法此種態度是不正確的。事前的規劃才是重點。（From 原稿）

譬如，想了解某商品的持有率而實施意見調查，在蒐集意見調查的數據時，想了解男女在持有率上是否有差異，在意見調查中如不打聽性別時，它的分析是不可能的。因此，累計與分析的方法在計畫的規劃階段時，亦即在資料的蒐集前需要先考慮好。

資料的累計與分析，最好使用處理意見調查資料的專用軟體、統計軟體或表計算軟體等。

意見調查的「報告」最好以文件作成報告書的方式來進行。以文件保留的好處是可以保存誰對誰、以何種方法進行調查之紀錄，以及資訊的活用與共有化會變得容易。

意見調查的最後階段是將意見調查所得到結論之「活用」。如果不能將累計的結果與分析結果活用在此後的行動上，此種意見調查的實施也是多餘的。

1.1.2 意見調查的計畫

■ 計畫的規劃

所謂規劃意見調查的計畫，是查明以下 10 個項目：
1. 調查目的──為何調查？如何活用結果？
2. 調查項目──想了解什麼？調查什麼？
3. 調查對象──向誰詢問？
4. 調查規模──向多少人詢問？
5. 調查時期──何時實施？
6. 調查方法──如何調查？

7. 分析方法——如何累計、分析？

8. 報告方法——如何整理，向誰報告？

9. 預算——要花多少？

10. 日程——何時結束？

如能全部明確地回答這些問題，計畫的規劃才可認為是完成。

■ 調查目的的明確化

意見調查的類型，依其目的可以大略分成假設驗證型與現狀掌握型（決策型）兩種類型。所謂假設驗證型是實施調查的人設定某種假設，而該假設是否真正成立呢？以資料確認作為目的所進行的意見調查。所謂現狀掌握型（決策型）是調查與研究主題有關的現狀，掌握目前處於何種狀況，什麼情況會發生呢？將該結果活用在決策或建立假設作為目的的意見調查。

使調查目的明確一事可以想成是：如果是假設驗證時，即為使想要驗證的假設明確；如果是現狀掌握型時，即為如何活用調查結果使之明確。在大學的研究人員所實施的意見調查中，以假設驗證型居多；而企業實施的意見調查，似乎則以現狀掌握型居多。

但是在進行假設驗證型的意見調查時，於設定應驗證的假設時，文獻調查、觀察、小組訪談是有幫助的。所謂小組訪談是指從調查的對象者選出部分人數，將這些人聚集一堂，在調查負責人主持之下，以會議的形式自由相互提出意見的一種方法。另外，取代聚集於某一場所，使用網際網路實施小組面談的企業也有。

■ 調查項目的決定

意見調查中想了解的事情即為調查項目。意見調查中的詢問是根據此調查項目來考慮的。

假設驗證型的意見調查，可依據應驗證的假設去決定調查項目。而現狀掌握型的意見調查，則是調查負責人聚集在一起相互提出意見去決定項目。

欲整理數個調查項目之間的關係，並查明調查項目全貌的方法來說，品管中的關聯圖或系統圖等圖解手法是有幫助的。

■ 調查對象的設定

成為調查對象的群體稱為母體。譬如，想調查台北市內的大學生對就職具有何種想法時，台北市內所有大學生即為母體。

屬於母體之要素（譬如意見調查之對象）的個數如為無限時，稱為無限母體，如有限時則稱為有限母體。

母體此用語有如下的定義方式。

「母體的定義」：

1. 研究、調查之對象的集合
2. 無限個測量值之集合
3. 處理對象之集合

調查母體的所有要素之方法稱為全數調查，從母體抽取一部分來調查的方法則稱為抽樣調查。所謂樣本是從母體所抽取的一部分個體。

在抽樣調查中，常出現以何種方法從母體選取樣本才好的問題，關於此問題容於下節解說。

■ 調查規模的決定

進行抽樣調查時，必須決定要從母體選出多少的人數。此人數是考慮要求精度、回收率（回答者的比率）、預算後再加以決定。

今想了解行動電話的持有率，提出了「您是否持有行動電話？」的詢問。此時，累計回答「持有」的人數時，即可計算持有率是多少％。此處所得到的持有率是從母體所選出之樣本的持有率，並非母體的持有率。因母體的持有率並未調查全員，而是根據樣本的持有率所估計出來。此時，由於想以樣本的一部分資料估計全體，因之會出現誤差。此誤差最大可以允許到何種程度，即為要求精度。

要求精度是調查負責人任意（與統計學無關）決定的。首先要求精度決定，接著透過統計的計算自動地決定出要選取多少人。具體的計算方法容於下節解說。

假定利用統計的計算結果得出要選出 100 人。因為需要有 100 人的回答，如回收率預估是 50% 時，就需要準備 200 人份的問卷。回收率雖可參考過去的意見調查來預估，但取決於使用何種的調查方法而有所不同，大致是在20%～70% 之間。

■ 調查時期的決定

意見調查的實施時期是排程的問題，但要注意的是實施的時機。考察有關學生就職活動的意見調查時，4 月與 10 月回答也許會有不同。實施時期也需要考慮這類的事情。

■ 調查方法的決定

以意見調查蒐集資料，可以想出各種方法，譬如直接與調查對象所選出的人見面，讓他們回答的方式，或使用郵寄之方法等。以下介紹代表性的調查方法：

1. 訪問面談法

由調查員訪問面談的對象者，以面談的形式使其回答詢問的方法。回答的填記可由調查員進行，或由回答者自己進行兩種情形。此方法由於可以當場

向回答者說明詢問的內容，因之可以防止誤解詢問的意涵，進而發生誤填的情形。

訪問面談法因調查員的說明方式要統一，故需要事前進行教育，使任一位調查員均可進行相同的說明。

訪問面談法的回收率高，回答的可靠性也高爲其優點，但甚花費用爲其缺點。

2.郵寄調查法

將問卷以郵件寄給對象者，讓對象者填記後再寄回的方法。

郵寄調查法不需要回收問卷的人手。

郵寄調查法的費用並不高，但有回收率低此缺點。

3.留置調查法

調查員將問卷分發給對象者，經數日後調查員再去巡迴回收的方法。留置調查法在回答需要花時間的意見調查中是有效的方法。

4.店頭調查法

調查員在百貨店等店頭中找出對象者，以訪談形式詢問，使其回答的方法。

5.街頭調查法

選出適當的地域，由調查員在街頭找出對象者，以訪談形式詢問，使其回答的方法。

此方法由於遇見願意回答問卷的人並非易事，而且在回答者之間大多會出現偏差，且實施街頭調查時，是平日進行呢？或是假日進行呢？上午或下午進行呢？有需要選定好時間。

6.電話調查法

調查員以電話向對象者提出詢問，讓他們回答的方法。使用電話調查法需要減少詢問數目，才能不占對方時間。並且，與街頭調查法一樣，找到願意回答的人甚爲不易。此方法在想快速獲得回答結果時使用。

7.集合調查法

將對象者聚集在某會場，並當場讓他們回答的方法。集合調查法在打聽企業所開發的新商品之感想時是有效的方法。此法的優點是可以一次回收多數的問卷。但另一方面，像會場的確認與集合時間、場所的事前聯絡等，此種準備作業需要人手爲其缺失。

8.電子調查法

這是利用電子郵件或網際網路的調查方法。

利用電子郵件的方法是取代郵件調查法所使用，如何取得郵件地址是一大課題。

利用網際網路的方法，因只有瀏覽該網站的人才會回答，故回答結果有可能會發生偏差。而且，也有如何考慮母體的問題，雖然大多用在假設的發現，但可否利用在假設的驗證上是值得懷疑的。

不管是電子郵件或是網際網路，電子調查法的優點之一是可以大幅減輕將回答結果輸入到個人電腦的作業。

此外，「電郵調查法」之稱呼方法，是作者任意取名的，並非一般廣泛使用的稱呼方法。

■ 分析方法的決定

要如何累計或分析利用意見調查所蒐集的資料，有需要在進行意見調查前事先決定好。

累計意見調查的資料其方法有單純累計與交叉累計。單純累計是按各詢問去累計多少人選擇哪一選項之方法；而交叉累計是組合兩個詢問去累計的方法。

實施交叉累計，可以掌握兩個詢問的回答方式有何種關係。譬如，詢問 1 中回答「是」的人，在詢問 2 中是否有回答「否」之傾向即可得知。並且，交叉累計也是有助於資料查檢的一種方法。譬如，打聽職業的詢問中，雖然回答「學生」，但在打聽職位的詢問中卻回答「課長」，如此「不可能組合」的回答即可以發現，或累計男學生有多少人，可以確認「樣本的構造」。

單純累計是針對所有的詢問去進行，但交叉累計是針對有興趣的組合去進行。因此，要組合哪一個詢問與哪一詢問進行交叉累計，最好使用以下的矩陣圖來整理。

	問 1	問 2	問 3	問 4	問 5
問 1	─	○	○	○	○
問 2	○	─		○	
問 3	○		─		
問 4	○	○			○
問 5	○		○		─

當組合數少時，可進行所有的組合。

以統計的方式分析意見調查的數據，需要學會統計手法的使用手法。以下

列舉統計手法較具代表者：
  1. 有關比率（比例）的檢定與估計
  2. 有關交叉累計表（分割表）的檢定
  3. 有關平均值的檢定與估計
  4. 對數線性模式
  5. 複迴歸分析
  6. Logistic 迴歸分析
  7. 判別分析
  8. 主成分分析
  9. 因子分析
  10. 變異數分析
  11. 實驗數據分析
  12. 語意差異法（SD）
  13. 聯合分析（Conjoint analysis）
  14. 決策樹分析
  15. 多元尺度法（MDS）

■ 報告書的內容
報告書最好是由如下 3 個部分所構成：
  1. 調查概要
  2. 調查結果
  3. 資料
在最初的部分「調查概要」中，至少要記載如下的內容：
  1-1. 主題
  1-2. 調查目的
  1-3. 調查項目
  1-4. 調查對象與樣本的抽出方法
  1-5. 調查方法
  1-6. 實施期間
  1-7. 回答人數與回收率
  1-8. 樣本的構成（回答者的內容）
其次的部分「調查結果」中，最少要記載如下的內容：
  2-1. 詢問文、單純累計結果的圖形、說明、考察、結論
  2-2. 詢問文、交叉累計結果的圖形、說明、考察、結論
  2-3. 統計分析的結果、說明、考察、結論
  2-4. 整理

最後的部分「資料」中，要附上如下的資料：

3-1. 問卷

3-2. 資料一覽表

3-3. 單純累計表

3-4. 交叉累計表

3-5. 統計分析的計算結果

■ 預算

　意見調查所需要的預算，取決於將意見調查外包實施呢？或自己進行呢？而有甚大的不同，可參考下表（○表自己進行，●表外包）。

類型	設計	實施	輸入	累計	分析	文件化	活用
1	○	○	○	○	○	○	○
2	●	●	●	●	●	●	○
3	○	●	●	●	●	○	○
4	○	●	●	●	○	○	○
5	○	●	●	○	○	○	○

　在規劃預算計畫時，以最容易忘記的費用來說，為謝禮所要支出的費用。對意見調查的回答者提供謝禮是理所當然的禮貌。雖然也有利用抽選來提供獎賞品的意見調查，但如果是取代謝禮來提供時，會出現未得到任何獎賞品的回答者，所以最好要避免。原本謝禮與獎賞品是要分開來想的。

　換言之，如設有高額的獎賞品時，回收率就會提高，但對獎賞品的提供表現好意的回答會變多。設置高額獎賞品的意見調查，並非將重點放在累計或分析上，而是建立回答者的資料庫作為目的較為無可非議。

1.2 抽樣調查法

1.2.1 母體與樣本

例題 1-1

　　想在公司內部實施意見調查，但無法調查全部員工。在此意見調查中，最感興趣的詢問是「贊成或反對彈性上班制度的引進」，想估計在全部員工中贊成的比率是多少。

　　將所有員工人數當作 2000 人，估計的信賴係數設為 95%，目標精度設為 5% 時，要調查多少位員工才好呢？

■ 母體的大小與樣本的大小

　　在意見調查中成為調查對象的群體稱為母體，調查母體所屬人數的方法稱為全數調查，從母體選出一部分來調查的方法稱為抽樣調查。從母體所選出的集合稱為樣本。

　　母體所屬的人數稱為母體的大小，一般以 N 表示。如 N 為無限時，稱為無限母體，如 N 為有限時，則稱為有限母體。

　　作為樣本所選出的人數稱為樣本的大小，習慣上以 n 表示。

■ 樣本大小的決定方法

　　在抽樣調查中，以統計的方式去決定從母體所選出的人數，此理論是以兩個不同的立場加以建構的。

　　1. 確保母數（母體的平均值或比率）的估計精度

　　2. 確保檢定力（發現問題異常的機率）

　　其中 1. 是以稱為區間估計的統計手法作為理論背景，2. 是以稱為假設檢定的統計手法作為理論的背景。在新藥的臨床試驗或科學的實證中，需要多少人的受試者及需要多少次的實證，大多以確保 2. 的檢定力之主場來決定，而在意見調查等的調查研究中，大多以確保 1. 母數的估計精度之立場來決定樣本的大小。

　　此處具體地說明利用 1. 的想法。

步驟 1　目標精度 e 的決定

　　目標精度是可以允許的最大誤差。這是依據企劃意見調查的人的要求自由加以決定。雖說自由決定，但以相對精度來說，最好是在 10% 前後。譬如，預估贊成的比率是 30% 時，則當作 3% 前後。

步驟 2 信賴係數 α 的決定

統計上的習慣大多當作 95%。其他也經常使用 90%、99%。

步驟 3 母體的比率 P 之預測

根據文獻調查的結果或預備調查的結果，或過去同性質的意見調查的結果來預測 P。如無法預測時，將 P 當作 50%（0.5）。如當作 0.5 時，可以得出最安全（最大）的樣本大小。

步驟 4 計算

將所需之樣本大小當作 n，母體的大小當作 N，目標精度（可以容許的最大誤差）當作 e，被預估之母體的比率當作 P。

1.有限母體時：

$$n \geq \frac{N}{(\frac{e}{k})^2 \frac{N-1}{P(1-P)} + 1}$$

此處，k 是決定信賴係數時即自動決定的常數，是對應信賴係數的標準常態分配的 % 點。

信賴係數設定為 α 時，

如 $\alpha = 0.95$ 則 $k = 1.96$

　$\alpha = 0.90$ 則 $k = 1.65$

　$\alpha = 0.99$ 則 $k = 2.58$

2.無限母體時：

$$n \geq (\frac{k}{e})^2 P(1-P)$$

■ 計算

將本例題的母體比率（贊成率）設想成不可能預測，故當作 50% 來計算。

N = 2000，e = 0.05，P = 0.5，$\alpha = 0.95$（因此，$k = 1.96$）

$$n \geq \frac{2000}{(\frac{0.05}{1.96})^2 \frac{2000-1}{0.5(1-0.5)} + 1} = \frac{2000}{0.000651 \times \frac{1999}{0.25} + 1} = 322.3955 \rightarrow 323$$

由此可知需要調查 323 人以上的員工。

例題 1-2

在例題 1-1 中，如將所有員工人數當作 4000 人時，所需要的樣本大小變成多少，計算看看。

$$n \geq \frac{4000}{(\frac{0.05}{1.96})^2 \frac{4000-1}{0.5(1-0.5)} + 1} = \frac{4000}{0.000651 \times \frac{3999}{0.25} + 1} = 350.5781 \to 351$$

可知需要調查 351 人以上的員工。

如比較母體的大小 2000 人與 4000 人時，

母體的大小 N = 2000 →樣本的大小 n = 323

母體的大小 N = 4000 →樣本的大小 n = 351

由此得知，即使母體的大小變成 2 倍，也不需要將樣本的大小變成 2 倍。

■ 母平均時的計算

例題 1-1 是想估計母體中贊成的比率，但若對估計某項目的平均值感興趣時，可使用如下的計算式來求樣本的大小。

1.有限母體時：

$$n \geq \frac{N}{(\frac{e}{k})^2 \frac{N-1}{\sigma^2} + 1}$$

2.無限母體時：

$$n \geq (\frac{k}{e})^2 \cdot \sigma^2$$

此處，σ 即為調查項目的母體中的標準差。（σ 稱為母標準差，σ^2 稱為母變異數）。另外，e 是目標精度，亦即估計母體的平均值時可以容許的誤差。

σ 的值要依據文獻調查的結果或預備調查的結果，又或是過去同性質的意見調查結果來進行預測。

1.2.2　抽樣

例題 1-3

假定有已登錄 100 位學生姓名的學生名簿。在學生名簿中，從 1 號到 100 號分配給各學生。

試從此 100 名之中隨機選出 20 名。

■ **樣本的選法**

從母體中選出一部分人來調查的抽樣調查，會發生要以何種方法選出一部分人的問題。因為是根據一部分人的數據來討論母體全體，所以所選出的人需要能代表母體才行。

從母體選出樣本的行為稱為抽樣（Sampling），在方法上有隨機抽樣法與有意抽樣法。

隨機抽樣法是使用亂數選出樣本的方法。使用亂數不會介入選取樣本的人的意見，可以避免聚集一些只方便於意見調查一方的人。而且，從一部分人的數據估計母體全體所發生的誤差，它的大小程度可以利用統計的方式予以估計。

有意抽樣法比隨機抽樣法較不費力氣。可是，有意抽樣法的樣本並不保證能代表母體，也無法評估估計的誤差。

因此，原則上應使用隨機抽樣法。

■ **隨機抽樣法**

在隨機抽樣法中有以下幾種方法：

1. 單純隨機抽樣法

準備母體的名簿，在名簿上排好號碼，以抽籤的方式從中抽出所需數目之樣本的一種方法。

如使用個人電腦的亂數時，將母體的大小當作 N，首先從 N 以下的數值所形成的亂數中挑選想要的樣本個數（n 個），接著與所挑選之亂數值符合一致號碼的人當作樣本選出。

2. 系統抽樣

從母體的名簿隨機決定開始號碼，之後以一定的間隔選出樣本的方法。

抽出間隔是以如下求出：

（母體的大小 N）÷（樣本的大小 n）

譬如，從 9000 人選出 1000 人時，抽出間隔是：

$$9000 \div 1000 = 9$$

開始號碼是以抽出間隔為 9 的亂數來決定。

3. 分層抽樣法

先將母體分成幾群，從各群隨機選出樣本的方法。分群就像是區分成男與女，或以職業區分那樣，使同一群的人均為同性質的人所聚集而成。

4. 多段抽樣法

分成幾段地從母體抽出的方法。譬如，考察全國規模的意見調查時，最初隨機選出縣，接著在所選出的縣中隨機選出鄉鎮，最後從鄉鎮之中選出調查對象的一種方法。

5. 分群抽樣

事先將母體分成幾群，再隨機選出群的方法。

從所選出的群調查全部即為分群抽樣的特徵。此外，分群與分層是不同的，群內並非同性質者，群間則相類似。

Note

1.3 問卷的製作

1.3.1 詢問文

■ 詢問文的製作

意見調查中的詢問文對回答者而言，要儘可能用明確且容易了解的文句，因之必須注意措辭才行。

考察詢問文時的要點如下：

1. 有無使用非禮貌的語句？
2. 個人式的詢問與一般性的詢問是否混淆？
3. 一個詢問文是否包含兩個以上的論點？
4. 有無艱澀的表現？
5. 有無模糊不清的表現？
6. 有無容易混淆的表現？
7. 有無包含特定價值觀的用語？
8. 有無誘導式的詢問？
9. 是否平等地對待？
10. 詢問文的序列號碼有無問題？

當一個詢問文包含兩個以上論點的詢問，則稱為二重詢問（two inquiry）。如包含兩個以上的論點時，回答者要著眼於哪一個論點就會隨意判斷，因之回答結果的可信度就會變低。

包含特定價值觀之用語，也稱為刻板型（Stereotype）之用語。所謂刻板型是指一般所普及的印象，若含有刻板型用語的詢問，會發生在接受該用語的印象下去回答的危險性。

並不只需確認各個詢問文，連詢問文的排列方式也要確認。一般是從簡單回答的詢問到困難的詢問去排列。又如相同話題的詢問使之連續排列，回答者較容易回答。在詢問的順序下應注意的事情是，前面的詢問對後面詢問的影響，此種影響稱為牽連（Carry over）效果。

例題 1-4

試指出以下詢問的問題點。
（問1）本旅館的投宿設備與大廳的應對是屬於以下何者？
　　　　1) 好　　　　　2) 壞
（問2）你是否定期地吃早餐？
　　　　1) 是　　　　　2) 不是
（問3）健康診斷無助於預防生病，您是？
　　　　1) 認同　　　　2) 不認同
（問4）對舉辦公司的運動大會是？
　　　　1) 贊成　　　　2) 反對
（問5）對報導機關政府的言論管制是？
　　　　1) 需要　　　　2) 不需要
（問6）贊成上班中的禁煙活動嗎？
　　　　1) 是　　　　　2) 不是

■ 解說

（問1）中「投宿設備或大廳的應對」之部分，出現「一個詢問包含兩個以上的論點」。此詢問文對於認為投訴設備好但大廳的應對不好的人要如何回答才好，並不得而知。應如下分成兩個詢問文。

本旅館的投宿設備與大廳的應對
　　　　　　　　→ 本旅館的投宿設備是
　　　　　　　　→ 本旅館的大廳的應對是

（問2）中的「定期」是模糊的表現。因「定期地吃早餐」是指每日呢？還是指一段期間呢？並不清楚。
（問3）中的「無助於」是「混淆的表現」。此詢問文中認為有助於的人，雖然選擇「不認同」，卻會犯錯地容易選擇「認同」。詢問文最好避免使用否定文。
（問4）是「個人的詢問或是一般的詢問」並不明確。例如雖然贊成舉辦，但自己是不參加的一方。最好如下追加個人式詢問的明確詢問。
您是參加公司的運動大會呢？或是不參加呢？
1) 參加　　　　2) 不參加

　　（問 5）中「言論管制」的用語並不具有良好的形象，此用語屬刻板型。如不考慮整個詢問文，只憑看見此用語而選擇否定回答（不要）的人有可能會增加。

　　（問 6）中「贊成嗎」此部分，嚴格來說不能說是「平等對待」的例子。最好如下修正：

贊成上班中的禁煙活動嗎？

1) 是　　　　　　2) 不是

　　　　　↓

贊成上班中的禁煙活動呢？或是反對呢？

1) 贊成　　　　　2) 反對

　　另外，像禁煙活動此種當社會上的風氣是難以反對時，反對的回答就容易變少。同樣，社會上明顯是「不好」的事情，即使本意並不認為是不好的，但肯定此事的回答也會變少。

1.3.2 回答的形式

■ 回答方式

　　對詢問的回答方式有自由回答、選擇回答、順位回答三種形式。

　　自由回答形式是自由地讓回答者記入單字、文章、數值的方法，選擇回答形式是從事前所準備的備選回答中選出適合者的方法。

　　此處介紹簡單的例子：

　　「請回答您的年齡」。

　　對於此種詢問的回答形式來說，可以考慮以下 A、B 兩種回答方式，

　　A：（　　　）歲

　　B：① 20 歲未滿 ② 20～29 歲 ③ 30～39 歲 ④ 40 歲以上

　　A 是在（　　　）中記入年齡的形式，B 是從四個選項中選擇一個的形式。A 是自由回答形式，B 是選擇回答形式。

　　選擇回答形式中的每一個選項稱為類。將回答分成數類，並分配各類記號的作業稱為編碼（Coding）。編碼有自由編碼（Free coding）與事後編碼（After coding）。所謂自由編碼是向回答者提示問卷前先進行編碼，而事後編碼則是得到回答後，再進行編碼。選擇回答形式是屬於自由編碼，而自由回答形式是屬於事後編碼。

■ 自由回答形式

自由回答形式的典型例子如下所示：

1. 請告知您的意見。（　　　　）
2. 請回答您喜歡的顏色。（　　　　）色
3. 請回答您的通勤時間。（　　　　）分

1. 是記入文章，2. 是記入單字，3. 是記入數值的形式。

以單字或數值所得到的數據比較容易進行累計與統計的分析，但文章時則相當麻煩。

處理以文章所得到的資料來說，在方法上有利用 KJ 法（親和圖）去歸納整理資料的方法，以及對關鍵字分配號碼，哪一個關鍵字是以多少的次數出現再去累計的方法。

■ 選擇回答形式

選擇回答形式有兩種：

1. 單一回答：從選項之中只選擇一個。
2. 複數回答：從選項之中選擇兩個以上。

單一回答有從兩個選項之中選擇一個的二項選擇，以及從三個以上選項之中選擇一個的多項選擇。

在複數回答中有可以選擇好幾個的無限制複數回答，以及選擇數有限制的有限制複數回答。

■ 順位回答形式

順位回答形式有如下兩種：

1. 完全設定順位：對全部的對象（選項）設定順位。
2. 部分設定順位：像是只到前面三位為止部分地設定順位。

■ 選擇回答形式的注意事項

選擇回答形式的要點有以下兩點：

回答文的查核要點：

1. 選項的水準合適嗎？
2. 選項全部表達無餘嗎？

以下介紹選項的水準不合適的例子：

（問）接受蛀牙的治療前，感受到多強烈的疼痛呢？
　　　　從以下之中，於符合之處加上○記號。
（答）1. 無法忍受的強烈疼痛
　　　　2. 可以忍受的疼痛
　　　　3. 有時痛有時不痛
　　　　4. 幾乎不痛

其中 1、2、4 是表現疼痛的「程度」，相對的 3 則是表現疼痛的「頻率」，與其他三個選項在水準上並不合適。按照這樣，如一日之中有時無法忍受的強烈疼痛，以及有時又幾乎不覺疼痛的人，1 與 4 的兩項就會符合。

像本例選項的水準不合適時，即使是只能選出一個的回答形式，不得不選出複數項而會對回答者造成混亂。

在選擇回答形式中，欲毫無遺漏地表現出所有的選項，除了像血型那樣只有四種以外，其他都是非常困難的。因此，以對策來說，最好在選項中設置「其他」。

■ 有順序的選項

單一回答的多項選擇中，也有選項具有順序與不具順序的情形。譬如，請看以下的詢問文與回答的選項。

（問 1）對本旅館的服務滿意度是以下何者？
　　　　1. 不滿意　2. 略為不滿　3. 略滿意　　　　4. 滿意
（問 2）您的血型是屬於以下何者？
　　　　1. A　2. B　3. AB　4. O

問 1 的選項是數值愈大滿意度愈高，故有順序關係；相對的，問 2 的選項是未具有順序關係。

讓選項具有順序關係，經常使用加上「非常」、「略為」、「很難說」等語句來設定等級之方法。語句的用法如下所示：

（例 1）
　　　1. 非常不滿
　　　2. 不滿
　　　3. 滿意
　　　4. 非常滿意
（例 2）
　　　1. 不滿
　　　2. 略為不滿
　　　3. 略為滿意
　　　4. 滿意

　　一般來說，如使用「非常」、「十分」、「完全」等強烈修飾語時，該選項有不易被選擇的傾向。

　　欲考慮具有順序關係的選項時，會出現要分成幾級的問題。先前的例子是分成 4 級，而一般經常使用 5 級到 7 級。當級數爲奇數（5 級、7 級）時，「很難說」的中間選項需存在。以下說明 5 級、6 級、7 級的例子：

（例 3-1）
　　1. 不滿
　　2. 略爲不滿
　　3. 很難說
　　4. 略滿意
　　5. 滿意

（例 3-2）
　　1. 非常不滿
　　2. 不滿
　　3. 很難說
　　4. 滿意
　　5. 非常滿意

（例 4-1）
　　1. 不滿
　　2. 略爲不滿
　　3. 很難說但不滿
　　4. 很難說但滿意
　　5. 略爲滿意
　　6. 滿意

（例 4-2）
　　1. 非常不滿
　　2. 不滿
　　3. 略爲不滿
　　4. 略爲滿意
　　5. 滿意
　　6. 非常滿意

（例 5）
　　1. 非常不滿
　　2. 不滿
　　3. 略爲不滿
　　4. 很難說
　　5. 略爲滿意
　　6. 滿意
　　7. 非常滿意

　　要分成幾級很難一概而論，從 4 級到 7 級都是適切的。但如爲 5 級與 7 級時，回答容易聚集在中間回答的傾向，又 5 級比 7 級更容易發生此種傾向。

■ 語意差異法（SD法）

　　詢問印象或感性之類的問題時，經常使用的方法有稱之爲 SD（Semantic differential）法之方法。SD 法是使用相互具有相反意義的一對形容詞來設定分數的方法。譬如，看到某幅畫，想打聽是感到溫暖呢？還是感到冷漠呢？將溫暖的語句與其相反的冷漠語句放在選項兩端，試問強烈感受到哪一種感覺呢？來進行詢問。

溫暖	勉強說是溫暖	很難說	勉強說是冷漠	冷漠
2	1	0	-2	-1

　　在實際的意見調查中，若只打聽一項問題的情況幾乎沒有，因此可以如下配置，詢問數個項目。

		中間			
溫暖	2	1	0	-1	-2	冷漠
男性化	2	1	0	-1	-2	女性化
舊的	2	1	0	-1	-2	新的
新潮的	2	1	0	-1	-2	樸素的
⋮						
⋮						

第 2 章
意見調查的資料

本章內容

2.1 資料的種類與處理

2.1.1 資料的尺度

■ 問例

意見調查的問例如下所示，依據此例解說意見調查所得到的資料種類。

（問 1）請回答血型。
    1. A
    2. B
    3. AB
    4. O
（問 2）請回答對商品的滿意度。
    1. 不滿
    2. 略爲不滿
    3. 很難說
    4. 略爲滿意
    5. 滿意
（問 3）請回答您的年齡。（   ）歲

■ 質性資料與量性資料

對上述問題回答的資料，雖然任一問題均可以數字表現，但資料的性質並不相同。

資料依其性質可大略分成兩種：

1. 質性資料

2. 量性資料

像問 1 與問 2，從數字選項中選出一個來回答問題的例子，其所得到的資料稱爲質性資料，也稱爲類別資料。

問 3 的回答是以數量得出，此種資料則稱爲量性資料。

質性資料可分成名義尺度與順序尺度的資料。另外，量性資料可分成間隔尺度與比例尺度的資料。

■ 名義尺度

問 1 所得到的數字資料，並非是加減乘除的對象，只是爲了區別血型不同所設定的資料。像這樣，以識別爲目的所分配之數字資料稱爲名義尺度的資料。

名義尺度的特徵爲其數字的設定方式並非唯一。在問 1 中，將 B 型當作 1

也無妨。

■ 順序尺度

問2所得到的數字資料具有當作順序的意義，由1到5滿意度似乎在上升。當數字具有作為順序意義的資料時，則稱為順序尺度的資料。

順序尺度的特徵為其數字只有順序的意義，並非保證等間隔。譬如，滿意與略為滿意之差，並不保證等於略為不滿與不滿之差。

$$5 \quad - \quad 4 \quad \neq \quad 2 \quad - \quad 1$$

　　滿意　　略為滿意　　　　略為不滿　　　不滿

■ 間隔尺度

問 3 所得到的數字是年齡，與其說是數字不如說是數值。此種資料有順序的意義，而且數字間之差有等間隔性。此種資料稱為間隔尺度的資料。

■ 比例尺度

在間隔尺度之中，當比例的計算為有意義的資料稱為比例尺度資料。譬如，試比較表示長度的資料與表示溫度的資料看看。4M 長度是 2M 長度的兩倍此說法是可以的。可是，氣溫攝氏 4 度是攝氏 2 度的兩倍熱，此種說法則是不行的。因此，長度雖然是比例尺度的資料，但溫度並非比例尺度而是間隔尺度的資料。

間隔尺度與比例尺度的區別在統計的處理上並不重要。

2.1.2 資料處理的基本

■ 質性資料的整理方式

　　名義尺度的資料中，按類別的次數累計與比例的計算是資料處理的基本。

　　如果是問 1 的情形，累計血型屬於 A 型、B 型、AB 型、O 型的人有幾人，並計算各自的比率。

　　次數要使用圖形來視覺化。比率也與次數一樣，最好使用長條圖或者圓餅圖或堆疊長條圖使之視覺化。

問 1

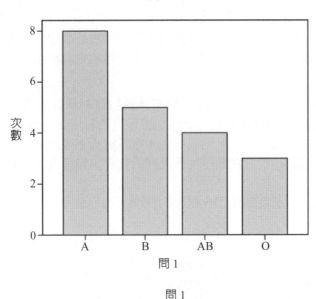

問 1

問 1

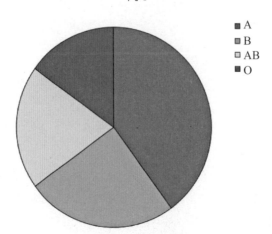

　　順序尺度的資料，與名義尺度一樣，各類的次數累計與比率的計算是資料處理的基本。譬如，像問 2 的情形，累計滿意度是 1、2、3、4、5 有幾人，再計算各自的比率。

　　利用圖形的視覺化不管次數或比率均可利用長條圖。但順序尺度的情形，使用圓餅圖是不合適的。

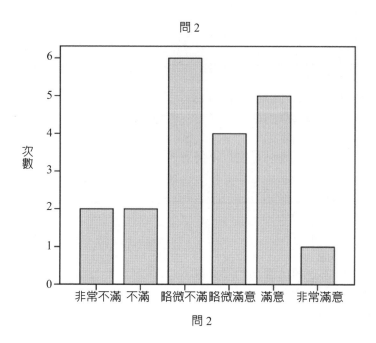

問 2

■ 量性資料的整理方式

　　間隔尺度的資料，要分成區間、各區間的次數累計，以及平均值、中央值、標準差等統計量的計算，是資料處理的基本。

　　如果是問 3 的情形，由於利用此問題所得到的資料是屬於年齡的資料，譬如，可如下加以區分：

　　20 歲未滿、20～24 歲、25～29 歲、30～34 歲、35～39 歲、40 歲以上

　　然後以各區間的資料有多少進行累計，而累計結果的圖形表現最好使用直方圖。

　　此外，量性資料要計算平均值、中央值、標準差。利用平均值與中央值可以掌握回答者年齡的中心位置，利用標準差可以掌握回答者年齡的變異有多大。

2.2 資料的輸入

2.2.1 單一問答的輸入

■ 問例

問例說明如下，試就 SPSS 的資料輸入進行解說。

（問 1）請回答性別。
　　　　1. 男　2. 女
（問 2）請回答血型。
　　　　1. A　2. B　3. AB　4. O
（問 3）請回答最喜歡的顏色。（　　　）色
（問 4）請回答您的年齡。（　　　）歲
（問 5）最初了解此商品是由以下何者。
　　　　1. 電視的廣告
　　　　2. 收音機的廣告
　　　　3. 報紙的廣告
　　　　4. 友人的介紹
　　　　5. 其他（　　　）
（問 6）請回答您對於商品的滿意度。
　　　　1. 非常不滿
　　　　2. 不滿
　　　　3. 略為不滿
　　　　4. 略為滿意
　　　　5. 滿意
　　　　6. 非常滿意

■ 資料輸入的方針

1. 關於問1、問2、問6

由於是選擇回答的形式，只要將所選擇的數字照樣輸入即可。
如將問 1 與問 2 作成如下的回答形式也是可以的。

（問 1）請回答性別。（　　　）
（問 2）請回答血型。（　　　）

如問 1 的情形只有男或女的回答，問 2 的情形只有 A、B、AB、O 四種回答。

　　像這樣事前已知回答的類型時，可於輸入前先行編碼化，再輸入數字（編碼），如此一來輸入作業的效率會較佳。

　　另外，若爲二項選擇時，不用 1 與 2 來編碼化，而以 0 或 1 來編碼，如此再進行多變量分析時大多較爲方便。

2.關於問3

　　問 3 是事前無法預測回答會出現什麼顏色。如事前不得而知會出現幾種的回答時，則直接輸入回答本身，至於編碼化則於輸入後若需要時再進行爲宜。

3.關於問4

　　問 4 是數量可以得到的回答形式，此情形可以將回答的數值照樣輸入。也有事前先分成區間再編碼化的方法，如考慮處理資料時，區分區間於輸入後視需要時再進行即可。

4.關於問5

　　問 5 是與問 1、問 2、問 6 一樣將所選擇的數字輸入即可。但是，「5. 其他」（　　）內雖然要記入某些語句，但最初的輸入可忽略它，只輸入數字 5。之後視需要，再輸入具體的語句也是可以的。另外，選擇「其他」的人不一定會在（　　）內記入原因。

5.關於無回答

　　對所有問題均未記入回答的人先姑且不談，但也有只對某些部分不記入回答的人。這可以想到有如下的三個理由：

　　1. 忘記記入（忘了填寫回答）
　　2. 無法回答（如回答不知道）
　　3. 拒絕回答（不想回答）

　　至於屬於以上的哪種理由，從所回收的問卷來判斷是不可能的。因此，調查的一方必須避免隨意預測回答而後予以記入。並且，如分類至「其他」或「很難說」的處置也是不適切的。

　　欲處理未記入回答的情形，可於資料的輸入階段新追加「無回答」的選項，對它分配適當的號碼，再記入數字是可以的。譬如，問 5 的情形，假定有「7. 無回答」的選項，則將回答不明的人當作 7。或者，不管是哪一詢問皆無回答的號碼均以相同來設定一個數字，像當作「99. 無回答也行」。並且，什麼也未輸入保持空欄的方法也有。特別是像問 4 詢問數量的情形，可以保持空欄。

　　無回答有幾人之資訊由於很重要，因之資料的累計結果最好要明示無回答

的人數。另外，使用統計方法進行解析時，無回答要當作遺漏值予以除外。

■ SPSS的資料輸入

SPSS 可在稱為〔資料視圖〕的資料表中輸入資料。

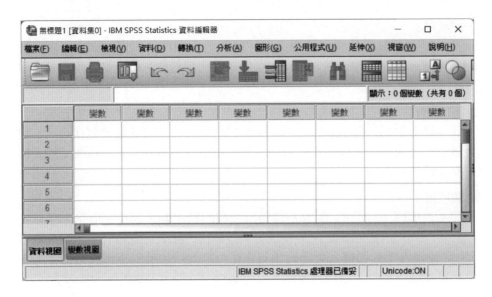

行是對應問題項目，列是對應回答者予以輸入。各行稱為變數，各列稱為
觀察值。

以如下的方式於 SPSS 中輸入回答。

■ 變數檢視
變數的名稱（像問1）或顯示形式，可在〔變數檢視〕的表上設定。

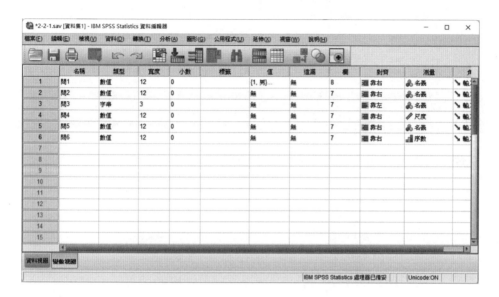

輸入文字資料時，事前在變數檢視的〔類型〕的地方需要變更爲字串。

■ 數值標記
問1中，
　　　1→男　　　2→女
問2中，
　　　1→A　　　2→B　　　3→AB　　　4→O
在此對應下輸入資料。照這樣，雖然累計或解析並無不是之處，但將此資訊
登錄在SPSS時，進行累計、圖形表現、統計解析時，1、2、3、4的各數值
意指什麼即可以顯示，結果將變得容易了解。因此，需對各變數按數值配置
標記。此作業要在〔變數檢視〕的表上進行，步驟如下。

步驟1　數值的選擇
將滑鼠在問1的變數中的〔值〕處點一下，即出現〔…〕的記號。

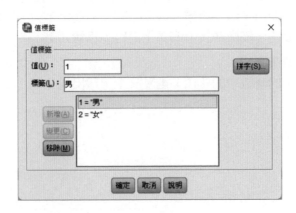

按一下〔…〕時，會出現如下的對話框。

步驟 2 設定數值的標記

問 1 的情形，將男當作 1，因之在〔值〕處輸入〔1〕，在〔標籤〕處輸入〔男〕。

此處，按一下〔新增〕的對話框。

接著，將女當作 2 也同樣輸入，最後變成如下。

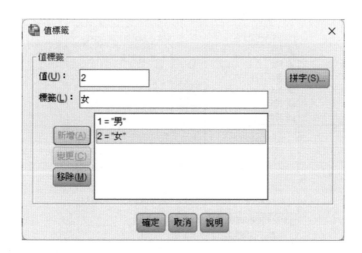

最後按一下〔確定〕，設定即完成。

將問 2、問 4、問 5、問 6 也以同樣的步驟設定。

■ 自動編碼化

問 3 是不將回答編碼化，而將文字照樣輸入。利用 SPSS 處理資料時，必須具有先將這些以數值表現的解析手法。因此，可以使用〔自動重新編碼〕之機能，自動地進行編碼化。它的步驟如下說明。

步驟 1 自動重新編碼

從清單選擇〔轉換〕−〔自動重新編碼〕。

出現如下對話框。

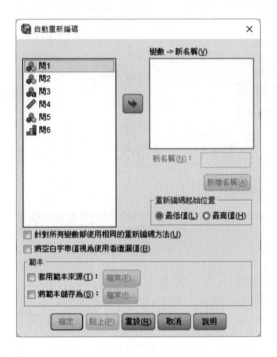

步驟 2 變數的選擇
選擇問 3 的編碼化。

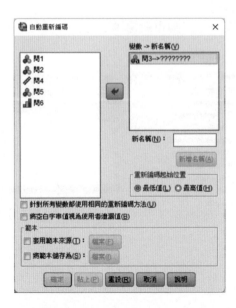

步驟 3　新變數的設定

輸入〔新變數名〕。新變數名用任何名稱均行，此處當作〔問 3 新〕。
如圖對此變數輸入分配數值的資料。

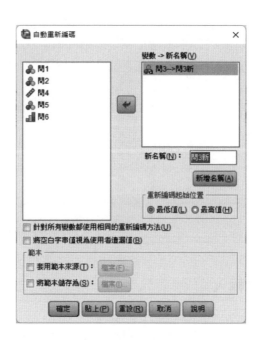

於此按一下〔確定〕，即可顯示出說明如何編碼化的一覽表。

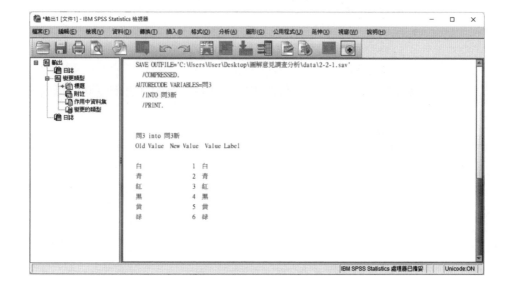

　　另外，在如下資料表中，可見已編碼化的新資料〔問 3 新〕此名稱之變數已被新增進來。

	問1	問2	問3	問4	問5	問6	問3新	變數	變數	變數	變數	變數
1	1	1	紅	32	3	3	3					
2	1	3	黃	20	5	4	5					
3	1	2	紅	25	6	5	3					
4	2	4	青	38	1	6	2					
5	2	4	白	45	1	3	1					
6	2	3	黑	36	2	4	4					
7	1	2	白	39	4	5	1					
8	1	1	紅	23	3	1	3					
9	1	1	綠	22	2	2	6					
10	1	1	白	40	3	3	1					
11	2	1	白	35	3	1	1					

2.2.2 複數回答的輸入

■ 問例

複數回答的問例說明如下，依據此例解說 SPSS 的資料輸入。

　（問 1）以購買產品 X 的理由來說，在合適處請填入○，圈有幾個均可。
　　　　1. 價格便宜
　　　　2. 品質好
　　　　3. 設計佳
　　　　4. 友人推薦
　（問 2）覺得與產品 X 合適的放置場所，請在合適的地方圈選兩個以內。
　　　　1. 辦公室
　　　　2. 家裡的書房
　　　　3. 研究室
　　　　4. 學校的教室

■ 資料輸入的方針

1.關於問1

問 1 的情形是沒有限制的複數回答。對此問題假定有 6 個人的回答，得出如下。

	圈選○的號碼			
A	1			
B	2	3		
C	3			
D	1	3	4	
E	1	2	3	4
F	1	3	4	

這可以想成如下二項選擇形式（是，不是）的四個詢問。

產品 X 購買的理由：

（問①）因為價格便宜　　1.是　　2.不是
（問②）因為品質好　　　1.是　　2.不是
（問③）因為設計佳　　　1.是　　2.不是
（問④）因為友人的推薦　1.是　　2.不是

像回答者 A 的情形，想成（問①）選擇 1，（問②）、（問③）、（問④）選擇 0，再輸入資料即可。而且，在「不是」處所設定的號碼並非 2，而是當作 0。

2.關於問2

問 2 的情形，是選擇較有限制的複數回答的問題。對此問題來說，6 個人的回答假定得出如下。

回答者	圈選○的號碼	
A	1	2
B	2	3
C	3	4
D	1	3
E	1	2
F	1	3

從資料的輸入觀點來看，與問 1 相同，想成進行如下的四個問題後再輸入即可。

對產品 X 合適的放置場所來說：

（問①）辦公室是合適的 1. 是 2. 不是
（問②）家中的書房是合適的 1. 是 2. 不是
（問③）研究室是合適的 1. 是 2. 不是
（問④）學校的教室是合適的 1. 是 2. 不是

此處要注意的是，問 1 與問 2 的數據輸入形式相同，但從數據的解析來看，情形則完全不同。問 1 的情形，如對①與②的回答是「是」，對③與④的回答也不會造成任何影響。亦即，四個問題可以想成是獨立的。另一方面，問 2 的情形，如①與②回答「是」時，因有只能選 2 個此限制，則③與④即自動地回答為「不是」，故四個問題即不獨立。當解析資料時，有需要注意此差異。

■ SPSS的資料輸入

根據輸入方針，以如下的方式將回答輸入到 SPSS 中。

（問 1）的情形：

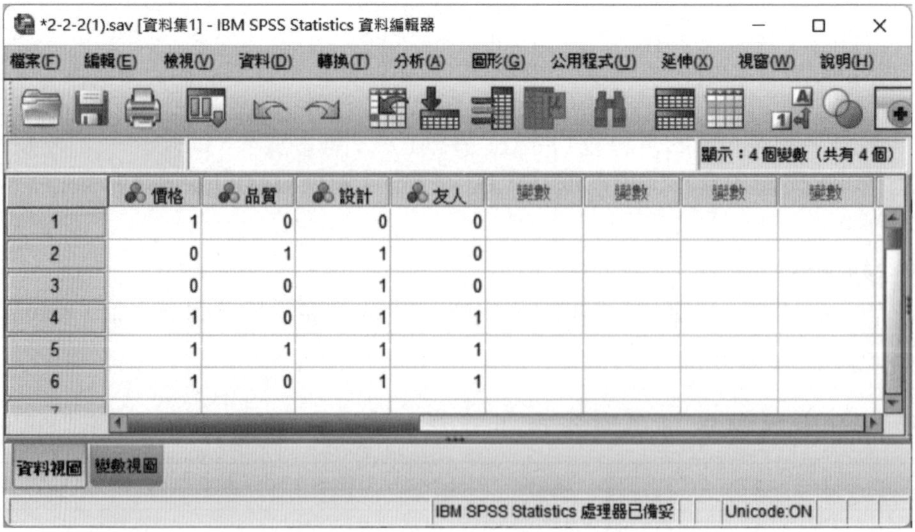

（問 1）的情形：

（問 2）的情形：

問 2 由於只有兩個選擇的限制，因之以如下兩個變數來解決也可以。

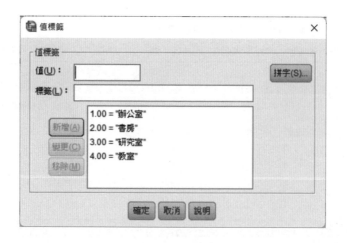

SPSS 具備即使以此種形式輸入也可累計之複數回答的累計機能（多重回答）。如考慮使用此機能於累計時，只需對選擇 1 的變數，設定如下的數值標記即可。

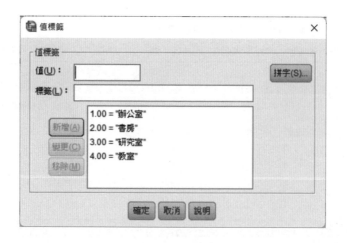

以下雖然是筆者的個人見解，縱然說 SPSS 具備有複數回答的累計機能，除了只是累計即結束來解析的情形以外，如只是藉助此機能以選項個數來準備變數再輸入的此種形式不應採用。我認為畢竟要利用 0 與 1 進行資料的輸入，因為此後進行多變量解析時，最終必須改成利用 0 與 1 的資料輸入的緣故。

2.2.3 順位回答的輸入

■ 問例
順位回答的問例如以下所示，根據此例對 SPSS 的資料輸入進行解說。

（問 1）在以下六個飲料中，依喜歡的順序依序由 1 到 6 排出順位。

　　　　紅茶（　　　）位

　　　　咖啡（　　　）位

　　　　牛奶（　　　）位

　　　　日本茶（　　　）位

　　　　碳酸飲料（　　　）位

　　　　果汁飲料（　　　）位

（問 2）購買個人電腦時，從以下的六個之中選出三個特別重視的項目。
　　　　請由 1 到 3 位加上順位。

　　　　價格

　　　　機能（繪圖、通訊）

　　　　設計

　　　　計算速度

　　　　廠商

　　　　服務

　　　　1 位（　　　）　　2 位（　　　）　　3 位（　　　）

■ 資料輸入的方針
1. 關於問1
　問 1 是對所有選項排序的完全順位回答問題。當輸入此種問題的回答結果時，可以考慮以下三種形式。

1. 在列當作回答者，行當作對象物的資料表中輸入順位。
2. 在列當作回答者，行當作順位的資料表中輸入順位。
3. 在列當作對象物，行當作回答者的資料表中輸入順位。

　上述 1、2、3 的表，形式如下所示。

資料表 1

回答者	咖啡	紅茶	牛奶	日本茶	碳酸飲料	果汁飲料
P1	4	1	6	5	2	3
P2	2	6	5	4	1	3
P3	3	2	4	6	5	1
P4	…	…	…	…	…	…
P5	…	…	…	…	…	…
P6	…	…	…	…	…	…

資料表 2

回答者	第 1 位	第 2 位	第 3 位	第 4 位	第 5 位	第 6 位
P1	紅茶	碳酸飲料	果汁飲料	咖啡	日本茶	牛奶
P2	碳酸飲料	咖啡	果汁飲料	日本茶	牛奶	紅茶
P3	果汁飲料	紅茶	咖啡	牛奶	碳酸飲料	日本茶
P4	…	…	…	…	…	…
P5	…	…	…	…	…	…
P6	…	…	…	…	…	…

資料表 3

	P1	P2	P3	P4	P5	P6
咖啡	4	2	3	…	…	…
紅茶	1	6	2	…	…	…
牛奶	6	5	4	…	…	…
日本茶	5	4	6	…	…	…
碳酸飲料	2	1	5	…	…	…
果汁飲料	3	3	1	…	…	…

　　如考慮統計上的解析時，資料表 1 是最好的。利用資料表 2 的輸入形式只能累計與作圖。資料表 3 是進行多變量解析時所考慮的輸入形式，但由資料表 1 向資料表 3 去轉換，使用列與行相交換的機能即可容易進行。

2.關於問2

問 2 是對選項挑出三個來排序的部分順位回答問題。此情形也與問 1 完全相同，如資料表 1 同樣輸入。

回答者	價格	機能	設計	計算速度	廠商	服務
P1	1		2	3		
P2		1			2	3
P3	1	2			3	
P4			2	1	3	
P5						
P6						

但是，如例子所示：

· 價格
· 機能
· 設計
· 計算速度
· 廠商
· 服務
第 1 位（　　）第 2 位（　　）第 3 位（　　　）

像此種問卷之情形，以下的原始資料即為手中收到的狀態。

回答者 P1：第 1 位（價格）第 2 位（設計）第 3 位（計算速度）
回答者 P2：第 1 位（機能）第 2 位（廠商）第 3 位（服務）

在此種情況下，如想以上述資料表的形式輸入時，因容易混淆而造成輸入極花時間，以及容易犯下輸入錯誤。因此，像此種情形，首先以資料表 2 的形式輸入到 EXCEL 等表計算軟體中，在表計算軟體中先從資料表 2 變換成資料表 1 的形式，再將該資料以 SPSS 讀取即可。

■ SPSS的資料輸入

根據輸入方針，以如下方式將回答輸入到 SPSS。
（問 1）的情形

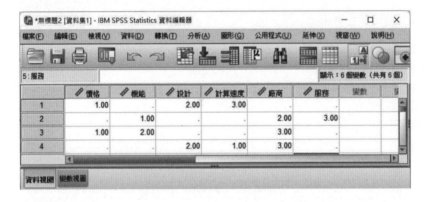

（問 2）的情形

此情形中，由於第 4 位以下是空欄，如進行統計的解析時，不行保持空欄。因此，此種情形姑且先輸入 4 也行，但最好是輸入中間順位（平均順位）5。

第 3 章
意見調查的累計

本章內容

3.1 單純累計

3.1.1 單純累計的方法和圖形的製作

例題 3-1

對 20 人實施如下的意見調查,得出如資料表所示的回答結果。試按各問題進行單純累計,並將結果以圖形表現。問 4 和問 5 除外。

(問 1)請回答性別。
　　　1. 男　2. 女
(問 2)請回答血型。
　　　1. A　2. B　3. AB　4. O
(問 3)請回答喜歡的顏色。(　　)色
(問 4)請回答你的年齡。(　　)
(問 5)最初了解此商品是從以下何者。
　　　1. 電視廣告
　　　2. 收音機廣告
　　　3. 新聞廣告
　　　4. 店頭
　　　5. 友人的介紹
　　　6. 其他
(問 6)請回答對此商品的滿意度。
　　　1. 非常不滿
　　　2. 不滿
　　　3. 略微不滿
　　　4. 略微滿意
　　　5. 滿意
　　　6. 非常滿意

資料表

回答者	問 1	問 2	問 3	問 4	問 5	問 6
1	1	1	紅	32	3	3
2	1	3	黃	20	5	4
3	1	2	紅	25	6	5
4	2	4	藍	38	1	6
5	2	4	白	45	1	3
6	2	3	黑	36	2	4
7	1	2	白	39	4	5
8	1	1	紅	23	3	1
9	1	1	綠	22	2	2
10	1	1	白	40	3	3
11	2	1	白	35	3	1
12	1	1	紅	32	5	2
13	2	2	紅	40	6	3
14	1	3	紅	38	3	4
15	2	4	綠	40	3	3
16	1	1	綠	35	2	5
17	2	3	綠	42	1	3
18	1	2	白	35	1	5
19	2	1	白	20	2	5
20	2	3	紅	18	3	4

■ SPSS的解法

步驟 1 資料的輸入

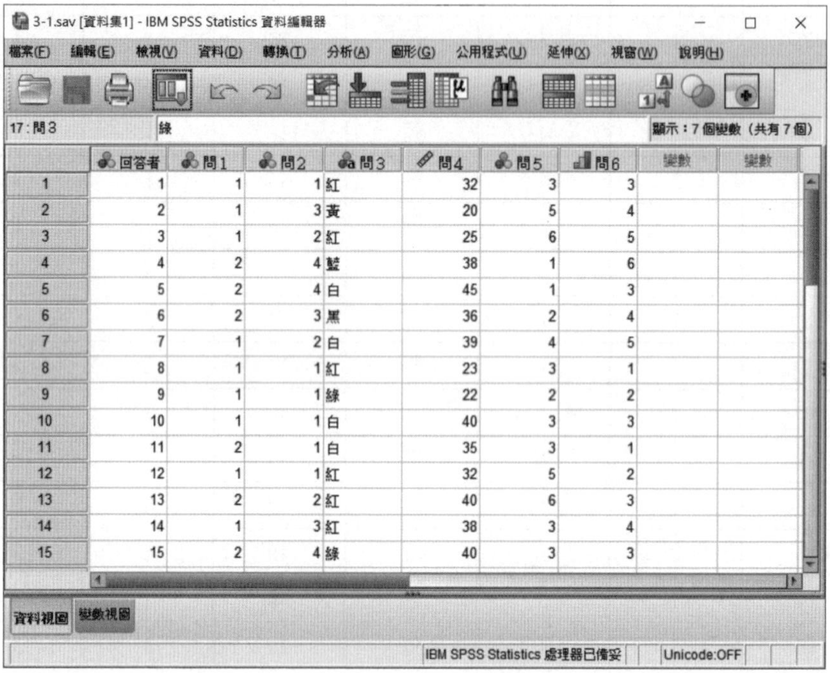

步驟 2 次數分配表的選擇

選擇清單的〔分析〕−〔敘述統計〕−〔次數分配表〕。

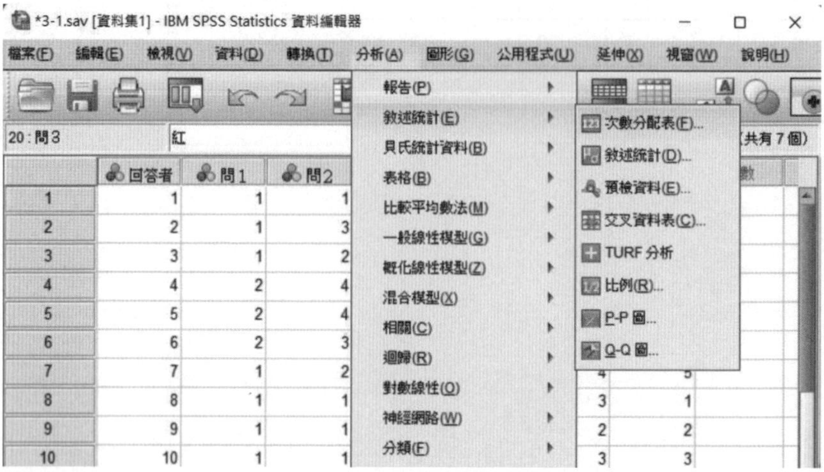

出現如下的對話框。

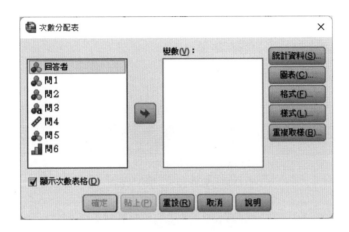

步驟 3 變數的選擇

選擇想累積的變數，此處選擇〔問1〕、〔問2〕、〔問3〕、〔問5〕。

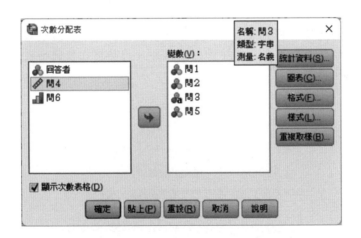

步驟 4 製作長條圖

按一下〔圖表〕，如圖選擇〔長條圖〕。

按一下〔繼續〕即回到前面的對話框。

再按下〔格式〕，選擇〔降冪計數〕。這是將長條圖的棒長按次數多寡順序排列。

（註）名義尺度的資料因選項的順序不具意義，故為了容易觀看長條圖，將長條按照次數的高低順序排列。但如目的是想比較圖形之間時，次數的順序則忽略。

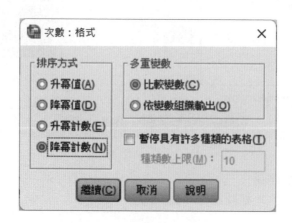

接著按〔繼續〕，即回到前面的對話框。

最後按下〔確定〕，即出現以單純累計之次數分配表和長條圖。

■ 單純累計之結果

問 1

		次數分配表	百分表	有效百分表	累積百分表
有效	男	11	55.0	55.0	55.0
	女	9	45.0	45.0	100.0
	總計	20	100.0	100.0	

問 2

		次數分配表	百分表	有效百分表	累積百分表
有效	A	8	40.0	40.0	40.0
	AB	5	25.0	25.0	65.0
	B	4	20.0	20.0	85.0
	O	3	15.0	15.0	100.0
	總計	20	100.0	100.0	

問 3

		次數分配表	百分表	有效百分表	累積百分表
有效	紅	7	35.0	35.0	35.0
	白	6	30.0	30.0	65.0
	綠	4	20.0	20.0	85.0

問 5

		次數分配表	百分表	有效百分表	累積百分表
有效	報紙	7	35.0	35.0	35.0
	電視	4	20.0	20.0	55.0
	收音機	4	20.0	20.0	75.0
	友人	2	10.0	10.0	85.0
	其他	2	10.0	10.0	95.0
	店面	1	5.0	5.0	100.0
	總計	20	100.0	100.0	

1. 關於問1的長條圖

問 1

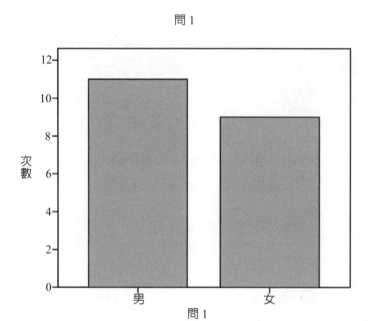

2. 關於問2的長條圖

問 2

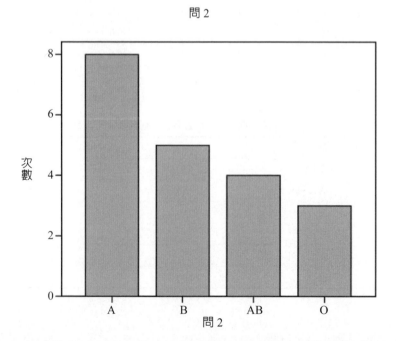

3.關於問3的長條圖

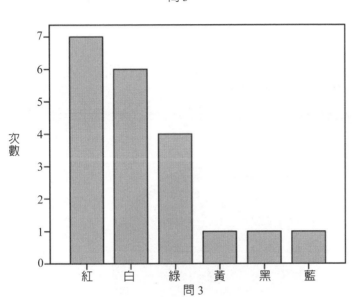

問 3

4.關於問5的長條圖

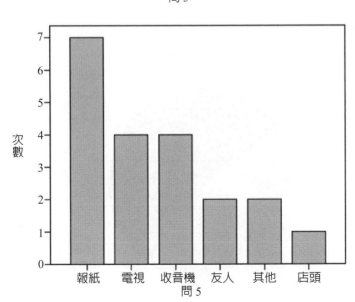

問 5

例題 3-2

就例題 3-1 中的問 1 和問 2 而言，試以圓餅圖表現累計結果。

■ 圓餅圖

如回答的選項只有兩個的二項選擇，或是選項的數目較少時，此時以圖形表現累計結果來說，除長條圖外，圓餅圖也是有用的。但如項目數甚多時，圓餅圖反而不容易看，因之不要利用。

1. 關於問1的圓餅圖

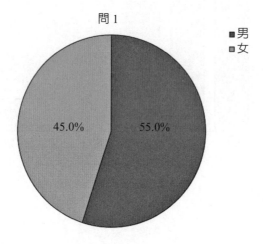

2. 關於問2的圓餅圖

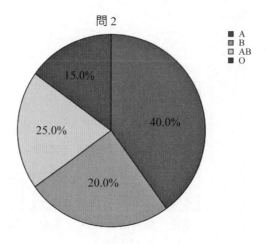

■ 圓餅圖和長條圖

圓餅圖在項目之間的差異上不易看出其缺點，因此經常和長條圖並用。此外，圓餅圖和長條圖的比較對象是不同的。長條圖是比較長條的高度，亦即比較項目之間為其目的。相對的，圓餅圖是為了比較扇形與整個，亦即整體與一個項目。

Tea Break

圓餅圖最重要的功能，幾乎在於呈現整體中各部分的組成和比例了。如果您希望讓讀者比較各個組成部分間的差異，其實用長條圖（Bar chart）會更適合。

例題 3-3

針對例題 3-1 中的問 6 來說，進行單純累計，試以圖形表現累計結果。

■ 順序尺度資料處理

問 6 所具有的性質是由 1 到 6 滿意度依序提高，所以是順序尺度的資料。由於已製作活用選項順序的長條圖，因之不採行將次數由高而低的順序重排。

問 6

		次數分配表	百分表	有效百分表	累積百分表
有效	略為不滿意	6	30.0	30.0	30.0
	滿意	5	25.0	25.0	55.0
	略微滿意	4	20.0	20.0	75.0
	非常不滿	3	10.0	10.0	85.0
	不滿	2	10.0	10.0	95.0
	非常滿意	1	5.0	5.0	100.0
	總計	20	100.0	100.0	

1. 關於問6的長條圖

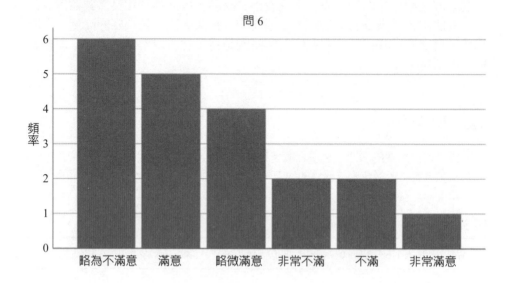

3.1.2　資料的表徵

例題 3-4

就例題 3-1 中問 4 的回答結果（即年齡的資料）來試求平均值、中央值、標準差，並以圖形表現看看。

■ 量資料的處理

問 4 是詢問年齡，因之回答結果即為量資料（間隔尺度的資料）。此種資料要使用平均值、中央值、標準差等統計圖來表徵，並且在視覺化的圖形表現上最好使用直方圖和莖葉圖。這些圖形當數據數較多時（50 以上），皆是很有幫助的圖形。

■ 平均值和中央值

平均值和中央值是掌握分配的中心位置時甚為有效的統計量。當有幾個資料 X_1、X_2、$\cdots X_n$ 時，平均值可如下計算。平均值一般使用 $\bar{X}$ 的記號，

$$\bar{X} = \frac{1}{n}(X_1 + X_2 + \cdots + X_n)$$

當資料按數值的大小順序排列時，中央值是位於正中的數值。

■ 標準差

標準差是掌握資料變異大小的有效統計量。當有 n 個資料 X_1、X_2、$\cdots X_n$ 時,欲求標準差,首先須計算平均值,接著求出各數據和平均值之差(偏差)。

$$X_1 - \overline{X} , X_2 - \overline{X} , \cdots X_n - \overline{X}$$

這些 n 個偏差之值均不同,不會成為相同之值,如想考察偏差全體的大小,可以考慮求出這些偏差之合計值,可是偏差是與平均值之差,比平均值大的值即出現十,比平均值小的值即出現一,合計值是十一相抵銷,因之經常成為 0。

$$\sum_{i=1}^{n}(X_i - \overline{X})^2 = 0$$

這不能用來當作表示變異大小的指標,因此將各偏差平方再合計。

$$S = (X_1 - \overline{X})^2 + (X_2 - \overline{X})^2 + \cdots + (X_n - \overline{X})^2 = \sum_{i=1}^{n}(X_i - \overline{X})^2$$

如此所得到之值稱為偏差平方和。偏差平方和是平方和合計值,如資料數增多時,和變異的大小無關會隨之變大。因此以資料數調整偏差平方和,考察如下的統計量 V。

$$V = \frac{S}{N-1}$$

此 V 稱為變異數(不偏變異數)。變異數的單位是將原來資料的單位平方。因此為了將單位和資料的單位一致,考慮取變異數平方根後的統計量 S。

$$S = \sqrt{V}$$

此 S 稱為標準差。

表示變異的統計量,除標準差之外,還有全距。所謂全距是指資料的最大值和最小值之差。

全距 = 最大值 - 最小值

由於全距只利用最大值和最小值,因之當資料數變多時,即為不變動的統計量。

■ SPSS的解法
試說明以 SPSS 求統計量的步驟。

步驟 1 選擇描述性統計
從〔分析〕的清單中選擇〔敘述統計〕−〔敘述統計〕。

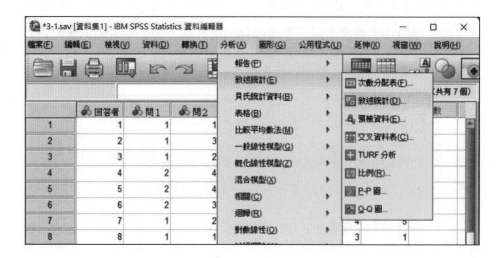

出現如下的對話框。

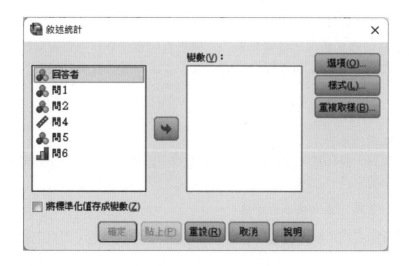

步驟 2　變數的選擇

選擇求統計量的變數，此處選擇〔問4〕。

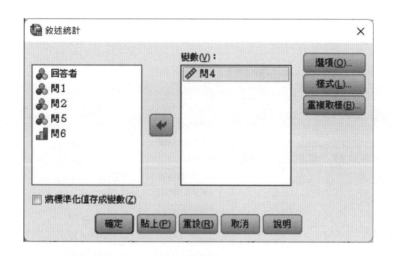

按一下〔確定〕即可得出如下結果。

敘述統計

	N	最小值	最大值	平均值	標準偏差
問 4	20	18	45	32.75	8.360
有顏色的 N（listwism）	20				

■ 直方圖和莖葉圖

欲以視覺的方式掌握量資料的分布狀態，使用直方圖和莖葉圖是很有效的。不管是哪一個圖形，以資料分成適當的區間，再掌握各區間所存在的資料數是基本所在。

製作直方圖和莖葉圖時，可以以視覺的方式掌握如下事項：

1. 分配形狀
2. 中心位置與差異大小
3. 偏離值的存在

■ SPSS的解法
說明以 SPSS 製作直方圖和莖葉圖的步驟。

步驟1 選擇敘述統計
選擇〔分析〕的清單中的〔敘述統計〕-〔預檢資料〕。

出現如下對話框。

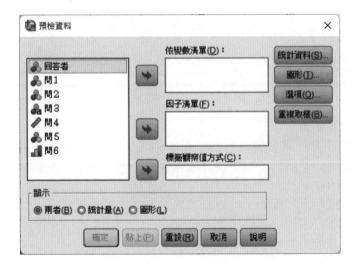

步驟 2　選擇變數

　選擇製作圖形的變數，此處選擇〔問4〕，並且於〔顯示〕之中選擇〔圖形〕。

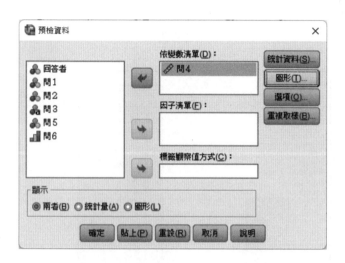

接著按一下右方的〔圖形〕，即出現如下的對話框。

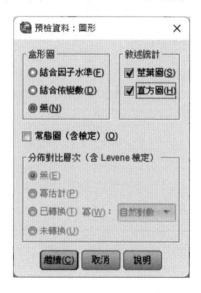

在〔盒形圖〕內選擇〔無〕，〔敘述統計〕則選擇〔莖葉圖〕和〔直方圖〕，按〔繼續〕即回到前面的對話框，再按〔確定〕。

1. 關於問4的直方圖

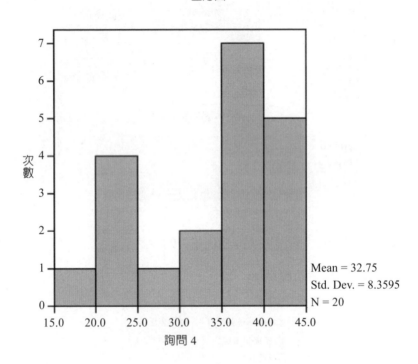

直方圖

2.關於問4的莖葉圖

頻率	Stem &	葉節點
1.00	1 .	8
4.00	2 .	0023
1.00	2 .	5
2.00	3 .	22
7.00	3 .	5556889
4.00	4 .	0002
1.00	4 .	5

詞幹寬度： 10
每個葉節點： 1 觀察值

3.2 交叉累計

3.2.1 交叉累計的方法和作圖

例題 3-5

以例題 3-1 的資料表進行詢問之間的交叉累計。

■ 交叉累計表
對 n 人的回答者進行如下的兩個問題。

（問 x）請回答性別。
1. 男　2. 女
（問 y）橄欖球和足球，你喜歡何者？
1. 橄欖球　2. 足球

對此兩個問題累計回答的結果：
男性中回答喜歡橄欖球的人有 a 人
女性中回答喜歡橄欖球的人有 b 人
男性中回答喜歡足球的有 c 人
女性中回答喜歡足球的有 d 人
則此累計結果可以想成如下的二元表。

	男性	女性
橄欖球	a	b
足球	c	d

　這是組合問 x（性別）和問 y（運動的偏好）的累計結果，此種累計結果稱為交叉累計。交叉累計的結果稱為交叉累計表（Cross table），也稱為分割表（Contingency table）。

■ SPSS的解法
步驟 1　選擇交叉累計表
　從〔分析〕的清單中選擇〔敘述統計〕－〔交叉資料表〕。

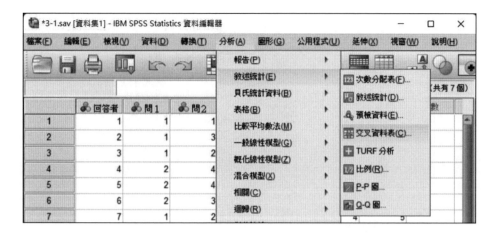

出現如下對話框。

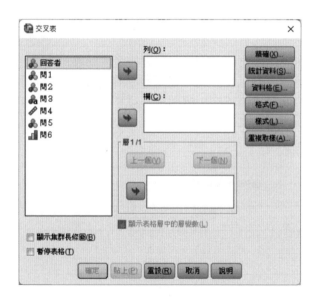

步驟 2 選擇變數

選擇要組合即累計的兩個變數。首先進行問 1 及其他問（除問 4 外）的交叉累計。因之交叉累計表中，以取成列的變數來說，選擇〔問 1〕，以取成行的變數來說，選擇〔問 2〕、〔問 3〕、〔問 5〕、〔問 6〕。

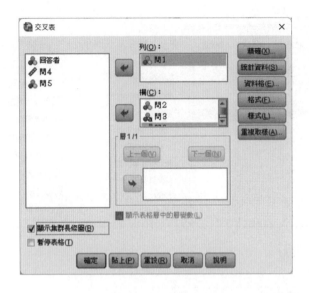

步驟 3　作圖

　　由於想同時作圖，故選擇〔顯示集群長條圖〕，按一下〔確定〕。

　　利用以上的步驟，可以製作問 1 和其他問的交叉累計表和圖形。

　　對於其他組合，重複同樣的步驟即可。以下是揭示所作成的交叉累計表和圖形。

■ 交叉累計的結果

詢問1 * 詢問2 交叉表

個數

		詢問2				總和
		A	AB	B	O	
詢問1	男	6	3	2	0	11
	女	2	1	3	3	9
總和		8	4	5	3	20

詢問1 * 詢問3 交叉表

個數

		詢問3						總和
		白	紅	黃	黑	綠	藍	
詢問1	男	3	5	1	0	2	0	11
	女	3	2	0	1	2	1	9
總和		6	7	1	1	4	1	20

詢問1＊詢問5 交叉表

個數

		詢問5						總和
		電視	收音機	報紙	店頭	友人	其他	
詢問1	男	1	2	4	1	2	1	11
	女	3	2	3	0	0	1	9
總和		4	4	7	1	2	2	20

詢問1＊詢問6 交叉表

個數

		詢問6						總和
		非常不滿	不滿	略微不滿	略微滿意	滿意	非常滿意	
詢問1	男	1	2	2	2	4	0	11
	女	1	0	4	2	1	1	9
總和		2	2	6	4	5	1	20

詢問2＊詢問3 交叉表

個數

		詢問3						總和
		白	紅	黃	黑	綠	藍	
詢問2	A	3	3	0	0	2	0	8
	AB	2	2	0	0	0	0	4
	B	0	2	1	1	1	0	5
	O	1	0	0	0	1	1	3
總和		6	7	1	1	4	1	20

詢問2＊詢問5 交叉表

個數

		詢問5						總和
		電視	收音機	報紙	店頭	友人	其他	
詢問2	A	0	3	4	0	1	0	8
	AB	1	0	0	1	0	2	4
	B	1	1	2	0	1	0	5
	O	2	0	1	0	0	0	3
總和		4	4	7	1	2	2	20

詢問2＊詢問6 交叉表

個數

		詢問6						總和
		非常不滿	不滿	略微不滿	略微滿意	滿意	非常滿意	
詢問2	A	2	2	2	0	2	0	8
	AB	0	0	1	0	3	0	4
	B	0	0	1	4	0	0	5
	O	0	0	2	0	0	1	3
總和		2	2	6	4	5	1	20

詢問3 * 詢問5 交叉表

個數

		詢問						總和
		電視	收音機	報紙	店頭	友人	其他	
詢問	白	2	1	2	1	0	0	6
	紅	0	0	4	0	1	2	7
	黃	0	0	0	0	1	0	1
	黑	0	1	0	0	0	0	1
	綠	1	2	1	0	0	0	4
	藍	1	0	0	0	0	0	1
總和		4	4	7	1	2	2	20

詢問3 * 詢問6 交叉表

個數

		詢問						總和
		非常不滿	不滿	略微不滿	略微滿意	滿意	非常滿意	
詢問	白	1	0	2	0	3	0	6
	紅	1	1	2	2	1	0	7
	黃	0	0	0	1	0	0	1
	黑	0	0	0	1	0	0	1
	綠	0	1	2	0	1	0	4
	藍	0	0	0	0	0	1	1
總和		2	2	6	4	5	1	20

詢問5 * 詢問6 交叉表

個數

		詢問						總和
		非常不滿	不滿	略微不滿	略微滿意	滿意	非常滿意	
詢問	電視	0	0	2	0	1	1	4
	收音機	0	1	0	1	2	0	4
	報紙	2	0	3	2	0	0	7
	店頭	0	0	0	0	1	0	1
	友人	0	1	0	1	0	0	2
	其他	0	0	1	0	1	0	2
總和		2	2	6	4	5	1	20

3.2.2 交叉累計表的圖形表現

　　如例題 3-5 所見，長條圖和交叉表可同時作出。可是這些圖形不一定容易看。交叉表的圖形表現，堆疊圖比長條圖更適合情形是有不少。因此將作成的長條圖變更為堆疊圖。

步驟 1　圖形變更

　　在所作成的圖上按兩下，即出現如下〔圖表編輯器〕的畫面。

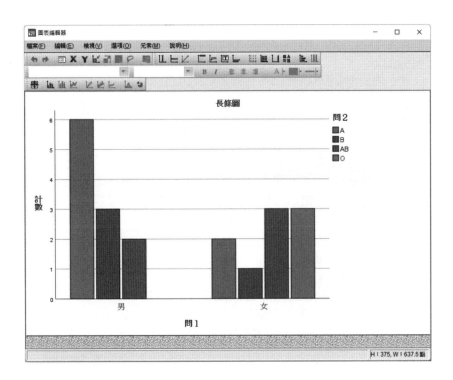

從清單中選擇〔選項〕－〔轉置圖表〕。

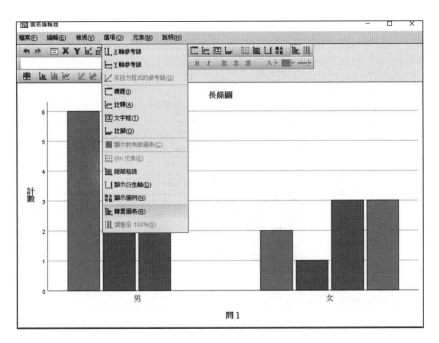

於是變更成爲如下的長條圖。

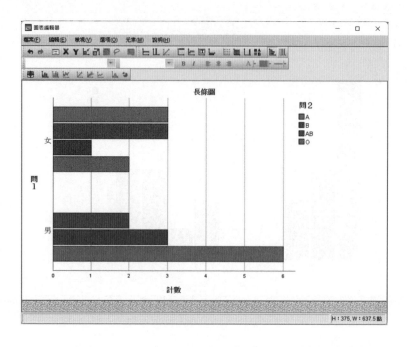

步驟 2 另外，若點一下 SPSS 輸出的圖表，從清單中選擇〔圖形〕，再從〔舊式對話框〕中點選〔長條圖〕。

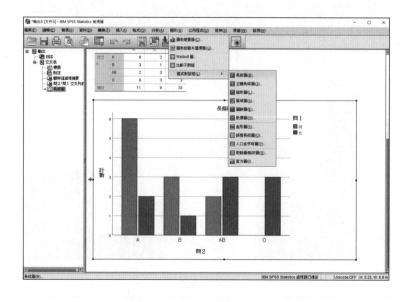

步驟3　從出現的長條圖中點選〔堆疊〕，圖表中資料為勾選〔觀察值群組摘要〕，接著按〔定義〕。

步驟4　出現如下畫面。在〔長條表示〕點選〔觀察值數目〕，〔種類軸〕點選〔問1〕，〔定義集群方式〕點選〔問2〕，按〔確定〕。

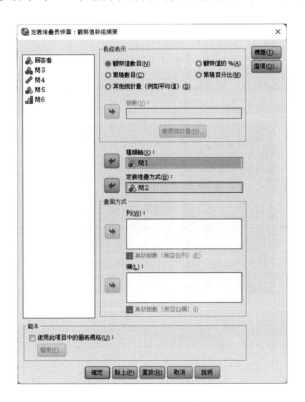

出現以問 1 為橫軸，以問 2 為縱軸的堆疊圖。

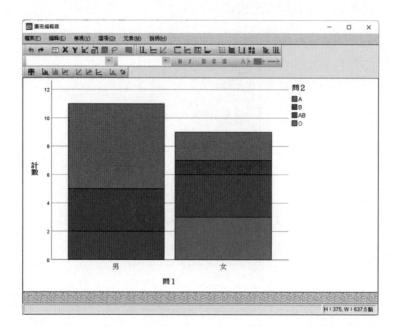

步驟 5 按一下清單中右方的 ⏹（調整至 100%），即出現如下圖形。

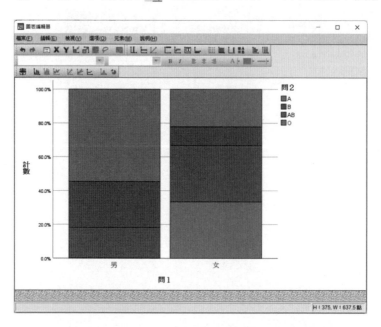

步驟 6 若要將血型改成橫軸時,將〔問 2〕改放在〔種類軸〕,〔問 1〕
則放在〔定義堆疊方式〕,再按〔確定〕。

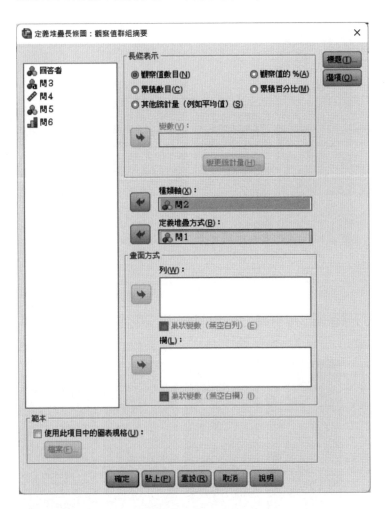

即出現如下圖形。

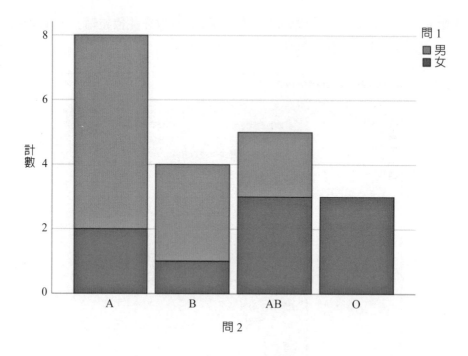

步驟 7　再啓動圖形編輯器，如同步驟 5 再調整比率，即得出如下圖形。

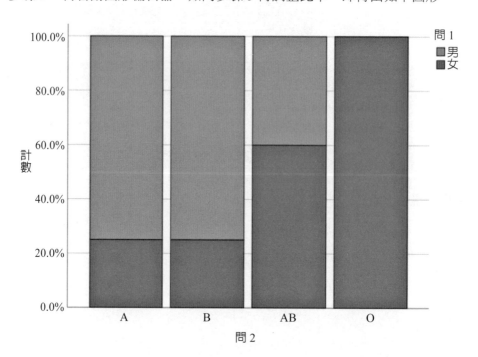

Note

3.3 複數回答的累計

3.3.1 單純累計的方法

例題 3-6

對 20 人實施如下的意見調查，得出如資料表所示的回答結果。試按問題進行單純累計。

（問 1）以購買產品 x 的理由來說，在合適處以○圈選，圈幾個均可。
 1. 價格便宜
 2. 品質好
 3. 設計佳
 4. 友人推薦
（問 2）覺得和產品 x 合適的放置場所，請圈選兩個合適者。
 1. 辦公室
 2. 家中的書房
 3. 研究室
 4. 學校的教室

回答者	問 1	問 1	問 1	問 1	問 2	問 2
1	1				1	2
2	2	3			2	3
3	3				3	4
4	1	3	4		1	3
5	1	2	3	4	1	2
6	1	3	4		1	3
7	1				2	4
8	2				1	3
9	1	4			1	2
10	2	4			1	2
11	1	3	4		2	3
12	2	4			2	4

回答者	問1	問1	問1	問1	問2	問2
13	2	4			1	2
14	3	4			2	3
15	4				1	4
16	1	4			2	4
17	1	2	4		2	3
18	1	2	3	4	1	2
19	2	3			1	2
20	2	4			1	4

■ SPSS的解法

步驟1 資料的輸入

將問1及問2的選項當作變數。該選項如被選擇時輸入1,未被選擇時則輸入0。

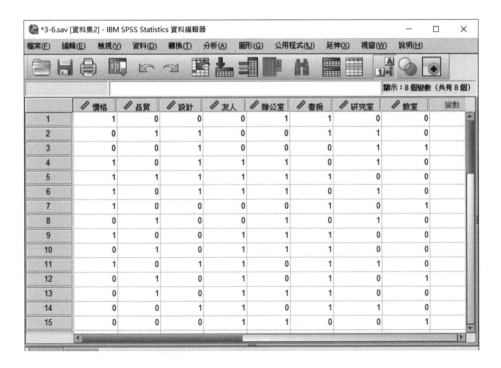

步驟 2 變數的組化

從〔分析〕的清單中選擇〔複選題〕–〔定義變數集〕。

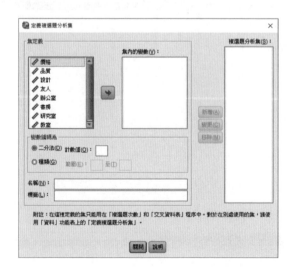

出現如下的對話框。

步驟 3 變數的選擇和組的定義

選擇想整理成一個組的變數。首先選擇問 1 的選項即四個變數（價格、品質、設計、友人）。由於是 01 數據，因之〔變數編碼〕選擇〔二分法〕，在〔計數值〕的方框中輸入〔1〕。再將整理成一個組的組別輸入〔名稱〕的方框中，此處當作〔問 1〕。

接著按一下〔新增〕，變成如下畫面。

　　在〔複選題分析集〕的方框中可看見〔問1〕，如此即完成對問1的組化。
對問2也以同樣步驟進行組化。

步驟4　選擇次數分配表
　　從〔分析〕的清單中選擇〔複選題〕－〔次數分配表〕。

出現如下的對話框。

步驟5 選擇組

在〔複選題分析集〕中選擇〔問1〕和〔問2〕。

按一下〔確定〕，即可得出累計結果。

■ 單純累計結果

$問1次數分配表

		回應		觀察值百分比
		N	百分比	
$問1[a]	價格	10	23.3%	50.0%
	品質	10	23.3%	50.0%
	設計	9	20.9%	45.0%
	友人	14	32.6%	70.0%
總計		43	100.0%	215.0%

a. 二分法群組於值1表格化。

$問 2 次數分配表

			回應		觀察值百分比
		N	百分比		
$問 2[a]	辦公室	12	30.0%		60.0%
	書房	14	35.0%		70.0%
	研究室	8	20.0%		40.0%
	教室	6	15.0%		30.0%
總計		40	100.0%		200.0%

a. 二分法群組於值 1 表格化。

3.3.2 交叉累計方法

例題 3-7

在例題 3-6 中進行詢問之間的交叉累計。

■ SPSS的解法

在複數回答的詢問之間實施交叉累計，步驟說明如下。

步驟 1 選擇交叉累計表

從〔分析〕的清單中選擇〔複選題〕－〔交叉累計表〕。

出現如下對話框。

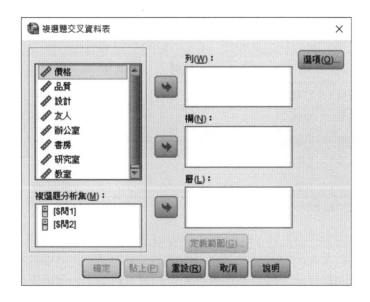

步驟 2 選擇組

在〔複選題交叉資料表〕的方框內,於〔列〕選擇〔問 1〕,於〔欄〕選擇〔問 2〕。

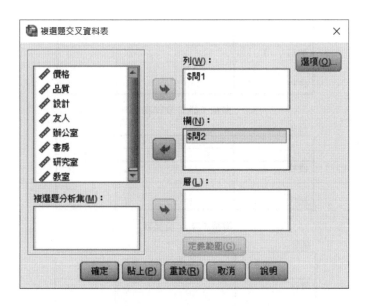

接著按一下〔確定〕,即可得出交叉累計的結果。

■ 交叉累計的結果

$1 問 1*$ 問 2 交叉列表

			$ 問 2[a]				
			辦公室	書房	研究室	教室	總計
$ 問 1[a]	價格	計數	6	8	4	2	10
	品質	計數	7	8	3	2	10
	設計	計數	5	6	6	1	9
	友人	計數	9	10	5	4	14
總計		計數	12	14	8	6	20

百分比及總計是基於回應者。　　　　　　　　　　　　　a. 二分法群組於值 1 表格化。

　　組合複數回答之詢問後的交叉累計表需要注意看法，例如列計之值，其和交叉累計表中各列的合計值不一致。此處所表示的列計之值即為問 1 的單純累計之值，同樣行計之值也不是各行的合計值，是問 2 的單純累計之值。

　　而複數回答則並非此種的交叉累計表，選項間之交叉累計具有意義的情形較多。譬如，製作如下的交叉累計表，選擇價格的人在其他方面具有選擇何種選項之傾向，即可掌握。

價格＊品質 交叉表

個數

		品質		總和
		0	1	
價格	0	3	7	10
	1	7	3	10
總和		10	10	20

價格＊設計 交叉表

個數

		設計		總和
		0	1	
價格	0	6	4	10
	1	5	5	10
總和		11	9	20

價格＊友人 交叉表

個數

		友人		總和
		0	1	
價格	0	4	6	10
	1	2	8	10
總和		6	14	20

第 4 章
比率的分析

本章內容

4.1 有關比率的檢定與估計

4.1.1 有關比率之檢定

例題 4-1

某旅館以住宿客爲對象實施意見調查。在意見調查中要調查的項目有預約住宿電話的應對作法。對電話應對具有某種不滿的比率以往是 15%。此次，爲了降低顧客的不滿，召集預約承擔者進行教育。教育之後，調查住宿客 100 人發現有 7 人不滿。不滿率（具有不滿的比率）是否可以說比以往的 15% 還低呢？

■ 想法

本例題的問題並非樣本（100 人）的不滿率是否比 15% 低，而是母體的不滿率是否比 15% 低。譬如，以 20 歲以上的本國人爲對象，對某政策是否贊成實施了意見調查。欲從母體（20 歲以上的本國人）全員打聽意見是不可能的，因之選出一部分的人打聽。如回答贊成的人之比率假定是 55%，此 55% 之數值是從母體的一部分（樣本）所得到的比率，並非調查母體全部時的比率。因此，母體的比率可否想成超過 50% 呢？又母體的比率是多少呢？出現了此種問題。解決此問題所使用的方法即爲檢定與估計的方法。附帶一提，母體的比率也稱爲母體百分比。

Tea Break

比例是用來反映一個整體中各部分之間的組成情況，一般用 a：b 的形式表現，比如東南西北四個區的貸款數量之間的比例爲：35：30：20：15，這四部分組成了全國這一個整體。單身群體中，男女比例爲 1：2，這也是比例。

比率則是用來反映組成總體的某一部分在總體中的一個占比情況，一般用百分比來表示。比如壞賬率就是總貸款量中的壞賬量在總貸款量中的一個占比。

■ 檢定的理論

最初此例題中母體的不滿率假定是 15%。如果此假定是正確時，由母體所蒐集的樣本比率也應呈現接近 15% 之值。可是，不一定剛好是 15%，因爲並非調查母體全部的人，由於只能用一部分人的資料所以會發生誤差。因

此,如 100 人的不滿率不是 15% 時,與 15% 之差是在誤差範圍內呢?還是超出誤差的範圍呢?即為問題所在。如果超過誤差的範圍時,母體的不滿率即想成不是 15%。以此種邏輯分析資料的方法,即為假設檢定。

假設檢定首先要建立如下的兩個假設:

假設 0:母體的不滿率 P 是 15%
假設 1:母體的不滿率 P 不是 15%

然後,此兩個假設之中的何者其成立的可能性較高呢?要依據資料以機率的方式判斷。

假設 0 稱為虛無假設,以 H_0 之記號表示。假設 1 則稱為對立假設,以 H_1 之記號表示。假設 0 與 1 如以假設檢定的習慣表現時,即為:

虛無假設 H_0:$P = 0.5$
對立假設 H_1:$P \neq 0.5$

檢定是首先假定虛無假設是正確的。接著,在此假定下計算實際上所得到的結果(譬如,感覺不滿的人是 100 人中 7 人以下)是以多少的機率發生。此機率稱為顯著水準或 P 值。顯著水準如果小時,即認為最初假定虛無假設 H_0 是正確的看法是有錯誤的。因之,否定虛無假設,而接受對立假設。相反的,如果機率不甚小時,即不否定虛無假設 H_0。此處「顯著水準是否小」的判定,大多使用 5% 的基準。5% 以下時似乎可以看成很小。5% 並非絕對的基準,1% 或 10% 均行。判定顯著機率是否小的基準稱為顯著水準,以 α 的記號表示。

■ 檢定的一般性步驟

步驟 1 假設的設定
虛無假設 H_0:$P = P_0$(P_0 為想驗證之比率值)
對立假設 H_1:$P \neq P_0$
　　　　　(或 $P > P_0$)
　　　　　(或 $P < P_0$)

本例題由於母體比率是否小是關心的對象,因之:

虛無假設 H_0:$P = 0.15$
對立假設 H_1:$P < 0.15$

步驟 2 設定顯著水準 α
顯著水準 $\alpha = 0.15$

步驟 3　顯著水準 P 值之計算

步驟 4　判定

1. 對立假設H_1是$P \neq H_0$時：
   顯著機率（雙邊）≦顯著水準 α →否定虛無假設
   顯著機率（雙邊）>顯著水準 α →不否定虛無假設

2. 對立假設H_1是$P > P_0$（或$P < P_0$）時：
   顯著機率（單邊）≦顯著水準 α →否定虛無假設
   顯著機率（單邊）>顯著水準 α →不否定虛無假設

■ 雙邊假設與單邊假設對立假設

被設定成 $P \neq P_0$ 之假設稱為雙邊假設，被設定為 $P > P_0$ 或 $P < P_0$ 之假設稱為單邊假設。

設定 $P > P_0$ 之對立假設，是限於如下的狀況時：

1. $P < P_0$ 在理論上是不可能的

2. $P < P_0$ 驗證此事是沒有意義的

相反的，設定 $P < P_0$ 之對立假設，是限於如下的狀況時：

3. $P > P_0$ 在理論上是不可能的

4. $P > P_0$ 驗證此事是沒有意義的

判定是否能否定虛無假設，在單邊假設的檢定時，是使用單邊的顯著機率，雙邊檢定時是使用雙邊的顯著機率。

■ SPSS的解法

步驟 1　資料的輸入

步驟 2　從〔資料〕的清單中選擇〔加權觀察值〕。

出現如下的對話框。

步驟 3 　點選〔加權觀察值方式〕，選擇〔人數〕作為〔次數變數〕。

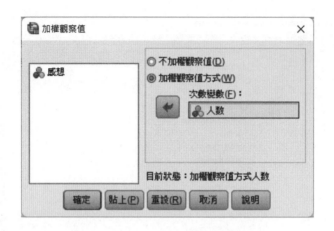

按一下〔確定〕。

此作業是為了宣言所輸入的資料（7 與 93）是表示次數。如未進行此作業時，任何的測量資料只當作兩個加以處理。

進行觀察值的加權時，畫面下方會出現〔加權於〕。

步驟 4　二項檢定的選擇

從〔分析〕的清單中選擇〔無母數檢定〕-〔舊式對話框〕-〔二項式〕。

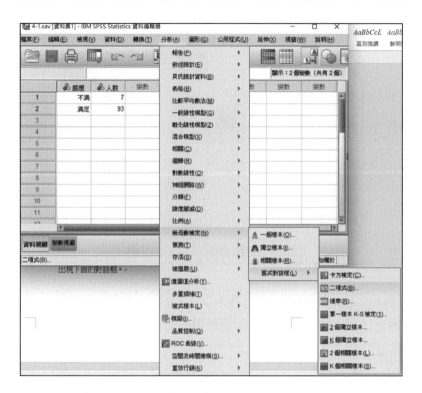

出現下面的對話框。

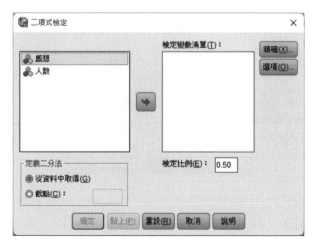

（註）〔精確機率〕的按鈕只在有選項產品的「Exact Test」才會顯示。

步驟 5 檢定變數的選擇

在〔檢定變數清單〕中選擇〔人數〕。

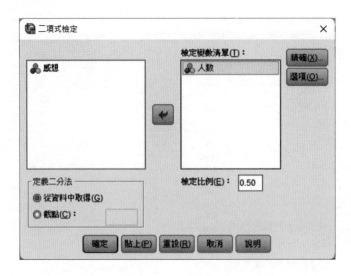

步驟 6 檢定比例的設定

於〔檢定比例〕中輸入在假設中想驗證的比例值（此例題是 0.15）。

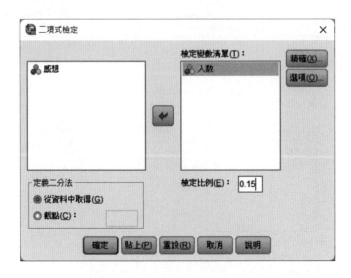

按一下〔確定〕，即可得出二項檢定的結果。

Tea Break

　檢定的變數必須是二分的數值變數。若要將字串變數轉換成數值變數，請使用 SPSS「轉換」功能表上的「自動重新編碼」程序。**二分變數**是只能採用下面兩種可能值之一的變數：*yes* 或 *no*、*true* 或 *false*、0 或 1 等。在資料集中發現的第一個值會定義第一個群組，其他值則定義第二個群組。如果不是二分的變數，您必須指定分割點。此分割點會把觀察值分成兩組，第一組的值大於或等於分割點，第二組的值小於分割點。

■ 二項檢定的結果

NPar 檢定

數據檔參 4-1.sav

二項式檢定

		種類	N	觀察比例	檢定比例	精確顯著性（單尾）
人數	群組 1	7	7	.07	.15	.012ᵃ
	群組 2	93	93	.93		
	總計		100	1.00		

a. 替代假設指出第一個群組中的觀察值比例 <.15。

■ 結果的看法
　顯著機率（單邊）= 0.012 < 顯著水準 α = 0.15，因之否定虛無假設 H_0。亦即，可以說母體的不滿率降低。

■ 利用上的注意
　1. 此方法雖然被稱為常態近似法，但以下的條件是需要成立的：

　　　$nP_0 \geq 5$, $n(1 - P_0) \geq 5$

　　此條件如果為滿足時，需要使用精確機率法。
　2. 如檢定比率不是 0.5 時，會輸出單邊的顯著機率。因此，進行雙邊檢定時，需要將此數值放大兩倍。

3. 如檢定比率是 0.5 時，如下會輸出雙邊的顯著機率。

NPar 檢定

二項式檢定

		種類	N	觀察比例	檢定比例	精確顯著性（雙尾）
人數	群組 1	7	7	.07	.50	.000
	群組 2	93	93	.93		
	總計		100	1.00		

4.1.2 有關比率的估計

例題 4-2

試估計例題 4-1 中的母體不良率。

■ 想法

檢定是考察母體比率 P 是否等於某值，或者比某值大之問題。

譬如，在以下的檢定中：

$$虛無假設 \ H_0 : P = 0.15$$

如接受 H_1 時，得知 P 不能說是 0.15。此時，以下的步驟自然是對「P 是多少」感到興趣，而找出此答案的手法稱為估計。

對於母體比率 P 是多少的詢問來說，回答：

「P 估計是 0.2 的附近」

此估計方法稱為點估計。樣本比率 p 之值即為母體比率 P 的點估計值。點估計是以一個值估計，因之完全適配母體比率之值的可能性甚低。因之，如回答：

「P 是被估計在 0.18 到 0.22 之間」

時，適配母體平均的可能性即變高。像這樣以區間估計的方法稱為區間估

計。本例題是進行母體比率的區間估計。

　　如使用區間估計時，也可查明該區間包含母體比率 P 的機率。區間估計的結論，是以如下的形式表現：

$$0.18 \leq P \leq 0.22 \text{（信賴水準 95\%）}$$

$0.18 \leq P \leq 0.22$ 稱為母體比率的 95% 信賴區間，其中 0.18 稱為信賴下限，0.22 則稱為信賴上限。信賴率 95% 是意謂此區間內包含母體比率的機率是 95%。信賴率視目的可以自由設定，但通常大多當作 95% 比率，也經常使用 99% 或 90%。如提高信賴率時，信賴區間的寬度即變寬；如降低信賴率時，信賴區間的寬度即變窄。

■ 母體比率的區間估計

信賴率 $(1-\alpha) \times 100\%$ 的信賴區間，是利用近似常態分配，如下求出：

〈信賴下限 P_L〉　　　　　　〈信賴上限 P_U〉

$$P_L = p - Z(\alpha)\sqrt{\frac{p(1-p)}{n}} \qquad P_L = p + Z(\alpha)\sqrt{\frac{p(1-p)}{n}}$$

此處，n 是樣本大小，p 是樣本比率，$Z(\alpha)$ 是標準常態分配中 $100 \times \alpha$ 百分點。

信賴率的設定是任意的，最常利用的信賴率是 95%，其他也經常使用 90%、99%。因此，先記述信賴率是 90%、95%、99% 的 $Z(\alpha)$ 值。

$$\text{信賴率} = 90\% \rightarrow \alpha = 0.10 \rightarrow Z(\alpha) = 1.65$$
$$\text{信賴率} = 95\% \rightarrow \alpha = 0.05 \rightarrow Z(\alpha) = 1.96$$
$$\text{信賴率} = 99\% \rightarrow \alpha = 0.01 \rightarrow Z(\alpha) = 2.58$$

此計算雖然是設定無限母體，然而即使是有限母體，與樣本的大小 n 相比，母體的大小 N 十分大時也行。有限母體且 N 與 n 之值相接近時，使用如下的計算式：

〈信賴下限 P_L〉　　　　　　　　〈信賴上限 P_U〉

$$P_L = p - Z(\alpha)\sqrt{\frac{N-n}{N-1}\frac{p(1-p)}{n}} \qquad P_L = p + Z(\alpha)\sqrt{\frac{N-n}{N-1}\frac{p(1-p)}{n}}$$

要注意，區間估計母體比率 P 之機能，SPSS 並未配備。

（註）關於 P、p、p 值之意義：

P = 母體比率，p 值 = 樣本比率，p 值 = 顯著機率

4.2 有關比率差的檢定與估計

4.2.1 有關比率差異之指標

■ 比率的比較

假定某教育機關以兩種方法，即利用個人電腦與未利用個人電腦舉辦講習會。教育的內容並未依兩種方法而改變，講師也完全相同。並且，沒有同時接受兩種教育的人。

今為了調查對講習會是否有不滿，對受講生 200 人進行如下的意見調查。

（問 1）以哪一方法接受教育？
        1. 無 PC（個人電腦）   2. 有 PC
（問 2）對教育有不滿嗎？
        1. 有不滿   2. 無不滿

累計意見調查結果後，可以整理成如下的分割表。未利用 PC 的教育方法以 A 表示，利用 PC 的教育方法則以 B 表示。

	有不滿	無不滿	合計
A	30	70	100
B	10	90	100
合計	40	160	200

此處，A 中有不滿的比率以 p_A 表示，B 中有不滿者的比率以 p_B 表示，

$$p_A = \frac{30}{100} = 0.3 \qquad p_B = \frac{10}{100} = 0.1$$

要如何評估此比率之差異才好，試考察看看。

■ 利用差來評估

評估比率之差異，一般是如下觀察比率的「差」。

$$p_A - p_B = 0.2$$

如未著眼於有不滿者的比率，而著眼於無不滿者之比率時又會如何呢？
A 中無不滿者的比率以 p'_A 表示，B 中無不滿者之比率以 p'_B 表示，

$$p'_A = 1 - p_A = 0.7$$

$$p'_B = 1 - p_B = 0.9$$

因此，無不滿者之比率差是：

$$p'_A - p'_B = -0.2$$

有不滿者之比率與無不滿者之比率差只是符號相反，差本身是一致的。此事說明從任一方來觀察比率均行，這是非常重要的性質。

試從不同的角度觀察表的數據。有不滿者之中利用 A 接受教育者之比率設為 p_1，無不滿者之中利用 A 接受教育之比率設為 p_2，

$$p_1 = \frac{30}{40} = 0.75$$

$$p_2 = \frac{70}{160} = 0.4375$$

此兩個比率差如下：

$$p_1 - p_2 = 0.3125$$

此結果與先前的比率差 0.2 並不一致。因此，觀察比率差時，計算比率本身是以什麼當作分母是需要注意的。

■ 利用比來估計

比率之差異，除了利用「差」之外，也可考慮以「比」來觀察。

$$\frac{p_A}{p_B} = \frac{0.3}{0.1} = 3$$

利用 A 接受教育的組，比利用 B 接受教育之組，不滿的比率是 3 倍。此處，與考察差的時候一樣，如未著眼於有不滿者之比率，而著眼於無不滿者之比率看看。此時的比如下，並非是 3 分之 1。

$$\frac{p'_A}{p'_B} = \frac{0.7}{0.9} = 0.7777$$

如果是「差」時，著眼哪一種的比率均無問題，但如以「比」來觀察時，要著眼哪一種的比率呢？差異的程度即有所不同，有此問題存在。

■ Odds

某件事發生的比率設為 p，未發生的比率可以用 $1 - p$ 表示。此處考察如下的指標，即：

$$\frac{p}{1-p}$$

　這是計算發生的比率是未發生之比率的幾倍，被稱為 Odds（勝算）的一種指標。在剛才的例子中如計算此 Odds 是多少時，利用 A 接受教育之組是：

$$\frac{p_A}{1-p_A} = \frac{0.3}{0.7} = 0.42857$$

利用 B 接受教育是：

$$\frac{p_B}{1-p_B} = \frac{0.1}{0.9} = 0.1111$$

Odds 可以說是著眼於有不滿者之比率與無不滿者之比率雙方的一種指標。

■ Odds比

　觀察比率之差異經常使用 Odds 比（稱為勝算比）。利用 A 接受教育之組的 odds 與利用 B 接受教育之組的 Odds，兩者之比即 Odds 比 Ψ，即為：

$$\Psi = \left(\frac{0.3}{0.7}\right) \Big/ \left(\frac{0.1}{0.9}\right) = 3.858$$

　這意指利用 A 的教育比利用 B 的教育，具有不滿之風險高出 3.858 倍。Odds 比是 1，意謂應比較的兩個比率並無差異。此指標的方便之處是在有不滿者之中，利用 A 接受教育者之比率當作 p_1，在無不滿者之中，利用 A 接受教育者之比率當作 p_2，計算 Odds 比也是 3.858。

　Odds 利用如下的公式即可簡單求出。

	有不滿	無不滿	合計
A 法	a	b	$n_1 = a + b$
B 法	c	d	$n_2 = c + d$
合計	$n_1 = a + c$	$n_2 = b + d$	$n = a + b + c + d$

$$\Psi = \frac{ad}{bc}$$

　在輿論調查或市場調查中，比率之比較，大多使用「差」。

Tea Break

> 勝算的定義是兩個發生機率相除的比值，以事件組（Case group）為例，a/a+c 表示事件組中有暴露的機率，c/a+c 指的是非事件組中有暴露的機率，因此兩者相除即為事件組中有暴露的勝算 a/c。b/d 也是同樣的道理，指的是非事件組中暴露的勝算。最後將 a/c 除以 b/d 即為**事件組相對於非事件組，其暴露的勝算比**，整理後也可得 (a/b)/(c/d)。也就是說兩個勝算相除就叫做勝算比。
>
> 這裡的勝算，並不牽涉事件與暴露的相關發生機率，並不能用以表示增加了多少倍的風險或是機率。而是指在事件組中暴露組與非事件組相比，有多少的勝算。使用如此計算方式，通常是為了可較廣泛的應用於**前瞻性研究**與**回溯性研究**。並且常可在進一步時應用統計方法做後續、綜合性的試算。

4.2.2 關於比率差之檢定

例題 4-3

針對某政策，以 20 世代的男性與女性為對象，進行贊成或反對的意見調查。從男性選出 50 人，女性選出 60 人打聽之後，其男性 50 人中有 18 人贊成，女性 60 人中有 11 人贊成。男性的贊成率與女性的贊成率可否說有差異？

■ 想法

兩個母體之比率的差異，以比率差來評估的情形居多。檢討所觀察的比率差是否具有統計上的意義，即可應用有關兩個母體比率差的檢定。

此檢定是將資料整理成如下的分割表後，以 χ^2 檢定來應用。

	男	女
贊成	18	11
不贊成	32	49

■ 檢定的假設

本例題想要檢定的假設，可以如下表示：

虛無假設 $H_0 : p_A = p_B$

對立假設 $H_1 : p_A \neq p_B$

此處，p_A 表示男性的母體贊成率（母體全體的贊成率），p_B 是表示女性的母體贊成率。

Tea Break

> 母數或稱參數，英文稱為 Parameter。在統計學中指母體中可以描述母體性質的量測量，例如平均數或標準差。若母體依循一已知的特定分布（例如常態分布），則可以用這母數來完全的描述母體，也可以定義在此母體中樣本可能有的機率分布。母數是針對母體，而統計量是針對統計樣本。

例題 4-4

在例題 4-3 中，試估計男性與女性的母體贊成率之差。

■ 區間估計

兩個母體比率之差 $p_A - p_B$ 的信賴率 $(1-\alpha) \times 100\%$ 的信賴區間可如下求出：

〈信賴下限〉

$$(p_A - p_B) - Z(\alpha)\sqrt{\frac{p_A(1-p_A)}{n_A} + \frac{p_B(1-p_B)}{n_B}}$$

〈信賴上限〉

$$(p_A - p_B) + Z(\alpha)\sqrt{\frac{p_A(1-p_A)}{n_A} + \frac{p_B(1-p_B)}{n_B}}$$

此處 n 是指樣本大小，p_A 是表示 A 組的樣本比率，p_B 是 B 組的樣本比率，$Z(\alpha)$ 是標準化常態分配中的 $100 \times \alpha$ 百分點。

此估計機能 SPSS 並未配備。

本例題的情形，男性與女性的母體贊成率之差的 95% 信賴區間為：

$$0.0115 \leq p_A - p_B \leq 0.3419$$

Tea Break

> 由於點估計量的值不會恰好等於母體參數，因此區間估計值通常是由點估計量的值加或減某個值求得，我們稱這個加減值是邊際誤差（**Margin of error**）。
> • 區間估計值的一般形式是：點估計值 ± 邊際誤差。
> • 區間估計值可以讓我們了解，由樣本得到的點估計值與母體參數值的接近程度。

4.2.3 有關非獨立之比率差的檢定

例題 4-5

（問）您有行動電話嗎？

A. 有　　　　B. 沒有

以 200 位大學生為對象，得出如下的結果。

	有	無	合計
人數	110	90	200
比率	0.55	0.45	1

■ 想法

這是比較擁有者之比率 p_A 與未擁有者之比率 p_B，所以變成了檢定兩個比率差的問題。此例題中如 p_A 增加，則 p_B 減少；p_A 如減少，p_B 則增加，有此關係，因之需要注意兩個比率 p_A 與 p_B 並非獨立。有此種關係的兩個比率稱為相互有相關關係。

■ 二項檢定之活用

此例題的假設，可以如下表現：

$$虛無假設 H_0 : P_A = P_B$$
$$對立假設 H_1 : P_A \neq P_B$$

此處，P_A 表示擁有行動電話者的母體比率，P_B 是未擁有者的母體比率。但是，

$$P_A + P_B = 1$$

所以上述的假設可以如下改寫：

$$虛無假設\ H_0 : P_A = 0.5$$
$$對立假設\ H_1 : P_A \neq 0.5$$

此形式所表現的假設，可以使用二項檢定來驗證。

■ 二項檢定的結果
因爲是與例題 4-1 相同的步驟，因之只顯示檢定的結果。

NPar 檢定

二項式檢定

		類別	個數	觀察比例	檢定比例	漸近顯著性 (雙尾)
人數	組別1	110	110	.55	.50	.179ª
	組別2	90	90	.45		
	總和		200	1.00		

a. 以 Z 近似爲基礎。

■ 結果的看法
顯著機率（雙邊）= 0.179 > 顯著水準 $\alpha = 0.05$
因之無法否定虛無假設 H_0。亦即，擁有行動電話者與未擁有者之比率不能說有差異。

例題 4-6

（問）在商品 A、B、C、D 中您喜歡何者？
在詢問 200 位大學生之後，得出如下的結果。

	A	B	C	D	計
人數	75	55	39	31	200
比率	0.375	0.275	0.195	0.155	1

喜歡 A 與喜歡 B 者之比率可否說不同？

■ 想法

　因為是比較喜歡 A 者的比率 p_A 與喜歡 B 者之比率 p_B，所以問題是檢定兩個比率之差。

　可是，與例題 4-5 相同，相互有相關關係，故需要注意兩個比率 p_A 與 p_B 並非獨立的地方。

■ 相互相關的兩個比率之檢定

步驟 1　假設的設定

$$\text{虛無假設 } H_0 : P_A = P_B$$
$$\text{對立假設 } H_1 : P_A \neq P_B$$
$$(\text{或 } P_A > P_B)$$
$$(\text{或 } P_A < P_B)$$

此處，P_A 是表示選項 A 的母體比率，P_B 是表示選項 B 的母體比率。
本例題中關心的是母體比率是否有差異，所以變成了：

$$\text{虛無假設 } H_0 : P_A = P_B$$
$$\text{對立假設 } H_1 : P_A \neq P_B$$

步驟 2　設定顯著水準 α
顯著水準 $\alpha = 0.05$

步驟 3　計算檢定統計量 Z 值

$$Z = \frac{p_A - p_B}{\sqrt{\dfrac{p_A + p_B}{n}}}$$

此處 n 是全體的回答數，p_A 是選擇 A 的人的比率，p_B 是選擇 B 者的比率。
選項 A 的回答數設為 r_A，選項 B 的回答數設為 r_B 時，則：

$$p_A = \frac{r_A}{n} \text{ , } p_B = \frac{r_B}{n}$$

步驟 4　計算顯著機率 p 值
　計算要與顯著水準比較之顯著機率。雙邊的顯著機率在標準常態分配中，是指 $|Z|$ 以上之值的機率，單邊的顯著機率是它的 1/2。

步驟 5　判定

1. 對立假設 H_1 是 $P_A \neq P_B$ 時：

$$顯著水準（雙邊）\leq 顯著水準 \alpha \rightarrow 否定虛無假設 H_0$$
$$顯著水準（雙邊）> 顯著水準 \alpha \rightarrow 不否定虛無假設 H_0$$

2. 對立假設 H_1 是 $P_A > P_B$（或 $P_A < P_B$）時：

$$顯著水準（單邊）\leq 顯著水準 \alpha \rightarrow 否定虛無假設 H_0$$
$$顯著水準（單邊）> 顯著水準 \alpha \rightarrow 不否定虛無假設 H_0$$

■ SPSS的解法

此檢定方法在 SPSS 中並未配備。因此忽略喜歡 C 與 D 者的資料，當作如下的表來考察再活用二項檢定。

	A	B	計
人數	75	55	130
比率	0.577	0.423	1

■ 二項檢定之結果

NPar 檢定

二項式檢定

		類別	個數	觀察比例	檢定比例	漸近顯著性 (雙尾)
人數	組別1	75	75	.58	.50	.096[a]
	組別2	55	55	.42		
	總和		130	1.00		

a. 以 Z 近似為基礎。

■ 結果的看法

$$顯著機率（雙邊）= 0.096 > 顯著水準 \alpha = 0.05$$

因之，無法否定虛無假設。亦即，喜歡 A 者與喜歡 B 者之比率，不能說有差異。

例題 4-7

（問）您有行動電話嗎？

　　　　A. 擁有　　　　　B. 無

向 200 位大學生進行詢問。又，其中一年生有 50 人。

回答（擁有）者在 200 人中有 110 人，其中一年生中回答 A 的有 20 人。

	全體	大學一年生
回答者人數	200	50
擁有人數	110	20
比率	0.55	0.4

問一年生擁有者的比率與全體的比率能否說有差異？

■ 想法

　　因為是比較大學生全體中回答 A 者的比率 p，與大學一年生回答 A 者之比率 p_1，所以變成了檢定兩個比率差之問題。但此例題要注意的是大學一年生是大學生全體的一部分。有此種關係的兩個比率稱為「有部分相關」。

■ 檢定有部分相關的兩個比率

步驟 1　假設的設定

$$虛無假設\ H_0：P = P_1$$
$$對立假設\ H_1：P \neq P_1$$
$$（或\ P > P_1）（或\ P < P_1）$$

此處，P 表全體的母體比率，P_1 表一部分的母體比率。

此例題中關心的是母體比率是否有差異，所以變成：

$$虛無假設\ H_0：P = P_1$$
$$對立假設\ H_1：P \neq P_1$$

步驟 2　設定顯著水準 α

$$顯著水準\ \alpha = 0.05$$

步驟 3　計算檢定統計量 Z 值

$$Z_0 = \frac{p - p_1}{\sqrt{p(1-p)\dfrac{n-m}{n \times m}}}$$

此處，n 表全體的回答數，m 是一部分人的回答數，p 是選擇 A 的全體比率，p_1 是選擇 A 的一部分人的比率。

又，選項 A 的所有回答數設為 r，一部分的回答數設為 r_1，則：

$$p = \frac{r}{n}, \quad p_1 = \frac{r_1}{m}$$

步驟 4　計算顯著機率 p 值

計算要與顯著水準比較的顯著機率。雙邊的顯著機率在標準常態分配中，是指 $|Z|$ 以上之值的機率，單邊的顯著機率是它的 1/2。

步驟 5　判定

1. 對立假設 H_1 是 $P \neq P_1$ 時：

　　　　顯著水準（雙邊）$\leq$ 顯著水準 $\alpha \rightarrow$ 否定虛無假設 H_0
　　　　顯著水準（雙邊）$>$ 顯著水準 $\alpha \rightarrow$ 不否定虛無假設 H_0

2. 對立假設 H_1 是 $P > P_1$（或 $P < P_1$）時：

　　　　顯著水準（單邊）$\leq$ 顯著水準 $\alpha \rightarrow$ 否定虛無假設 H_0
　　　　顯著水準（單邊）$>$ 顯著水準 $\alpha \rightarrow$ 不否定虛無假設 H_0

此檢定方法在 SPSS 並未配備。

例題 4-8

從台北市通勤的大學生中隨機抽出 200 人，進行如下的意見調查。

（問 1）您擁有行動電話嗎？

　　　　A. 擁有　　　　　　　　B. 未擁有

（問 2）您擁有數位相機嗎？

　　　　A. 擁有　　　　　　　　B. 未擁有

將此回答結果整理成如下的 2×2 分割表（數字是表示人數）。

行動電話

		擁有	未擁有	合計
數位相機	擁有	80	40	120
	未擁有	30	50	80
	合計	110	90	200

擁有行動電話的人的比率與擁有數位相機的人的比率能否說有差異？

■ 想法

　　由於是比較擁有行動電話者之比率 p_A，與擁有數位相機者之比率 p_B，所以變成是檢定兩個比率差之問題。但要注意同時擁有行動電話與數位相機的人。此種兩個比率並非獨立。

　　擁有行動電話者之比率 p_A，與擁有數位相機者之比率 p_B，如下計算。

$$p_A = \frac{80+30}{200} = \frac{110}{200}$$

$$p_B = \frac{80+40}{200} = \frac{120}{200}$$

　　因此，p_A 與 p_B 之比較，變成擁有行動電話但未擁有數位相機的人（30人），與未擁有行動電話但擁有數位相機的人（40人）之差的檢討。檢定此種兩個比率差的方法，有二項檢定與檢定有對應的兩個比率差的 McNemar 檢定。

　　具體的計算方法容第 5 章介紹。

4.2.4 適合度檢定

例題 4-9

以某大學的學生為對象規劃意見調查。各學年的人數如表 1 所示。

表 1

1 年	2 年	3 年	4 年	計
3500	3000	2000	1500	10000

實施意見調查，並累計回答結果之後，各學年的回答者人數如表 2 所示。

表 2

1 年	2 年	3 年	4 年	計
77	59	42	22	200

回答者能否說代表調查對象（母體）呢？

■ 想法

此大學的一年生其構成比率是以如下求出。

$$\frac{3500}{10000} = 0.35$$

同樣，如計算各學年的構成比率時，即為如下。

1 年	2 年	3 年	4 年
0.35	0.3	0.2	0.15

因此，回答者如果是代表母體時，將 200 人按學年區分時也是相同的構成比率，理應是如下的人數。

1 年	2 年	3 年	4 年
70	60	40	30

此人數是從原來的構成比率所計算出來的，因之稱為期待次數。實際上所得到的人數是表 2，此稱為實測次數。因此，實測次數與期待次數之差愈小，即可認為是代表母體，差愈大就不是代表母體。制定實測次數是否與期待次數相接近的方法有適合度檢定。

■ 適合度檢定

步驟 1 假設的設定

　　　　　虛無假設 H_0：實測次數與期待次數一致
　　　　　對立假設 H_1：實測次數與期待次數不一致

步驟 2 設定顯著水準 α

　　　　　顯著水準 $\alpha = 0.05$

步驟 3 計算檢定統計量 χ^2
　全體當作分成 m 組，各組的實測次數當作 f_i，期待次數當作 t_i。

$$\chi^2 = \sum_{i=1}^{m} \frac{(t_i - f_i)^2}{t_i}$$

步驟 4 計算自由度 ϕ

　　　　　$\phi = m - 1$

步驟 5　計算顯著機率 p 值

　　計算與顯著水準相比較之顯著機率 p 值。p 值在自由度 ϕ 的 χ^2 分配中是指 χ^2 值以上的機率。

步驟 6　判定

　　　　　顯著水準 $\leq$ 顯著水準 $\alpha \rightarrow$ 否定虛無假設
　　　　　顯著水準 $>$ 顯著水準 $\alpha \rightarrow$ 不否定虛無假設

■ SPSS的解法

步驟 1　資料的輸入

步驟 2　次數變數的宣言

　　從〔資料〕的清單中選取〔加權觀察值〕，將〔人數〕的變數當作〔次數變數〕來設定。

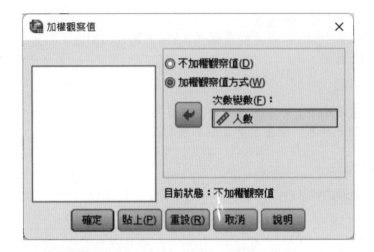

步驟 3 資料的重排

進行此檢定時需要於事前將資料由小而大重排。從〔資料〕的清單選取〔對觀察值排序〕。

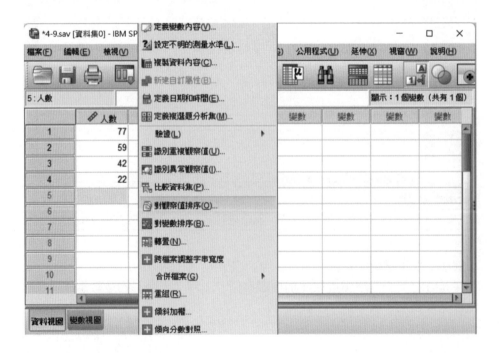

出現以下的對話框。

於〔排序方式〕中選取〔人數〕之變數，〔排序順序〕是選擇〔遞增〕，接著按〔確定〕，資料即從數值小者依序重排。

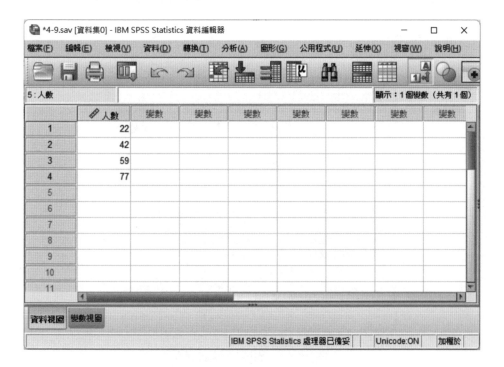

步驟 4　實施適合度的檢定

　　從〔分析〕的清單中選取〔無母數檢定〕–〔舊式對話框〕–〔卡方檢定〕。

　　出現如下的對話框。

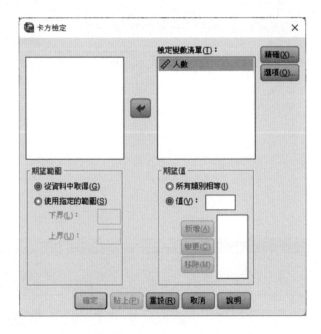

此處，

1. 於〔檢定變數清單〕中選擇〔人數〕。
2. 選擇〔期望值〕之〔值〕。
3. 以〔值〕來說，輸入期望次數，並重複〔新增〕。此時，需要注意輸入
   的順序。期望次數的輸入必須要注意使之對應重排後的資料順序。

變成如下狀態時，按〔確定〕。

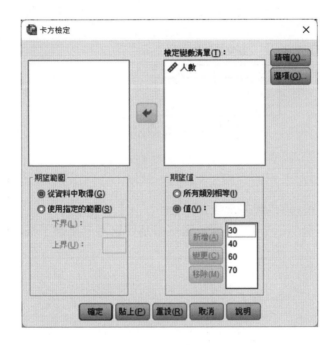

■ 適合度χ^2檢定之結果

人數

	觀察個數	期望個數	殘差
22	22	30.0	-8.0
42	42	40.0	2.0
59	59	60.0	-1.0
77	77	70.0	7.0
總和	200		

檢定統計量

	人數
卡方[a]	2.950
自由度	3
漸近顯著性	.399

a. 0 個格 (0%) 的期望次數少於 5
。最小的期望格次數爲 30.0。

■ 結果的看法

顯著機率 = 0.399 > 顯著水準 α = 0.05

無法否定虛無假設 H_0。亦即，無法得到回答者的群體不代表母體比率之依據。

第 5 章
分割表的分析

本章內容

5.1 2×2分割表的檢定

5.1.1 χ^2 檢定

例題 5-1

　　某企業開發出適合主婦的商品 W，為了調查認知率，以住在台中市內的主婦為對象，詢問是否知道商品 W 的存在而進行調查。

　　為了觀察有小孩的主婦（A 組）與沒有小孩的主婦（B 組）在認知率上有無差異，從各組隨機選出 500 人，實施意見調查，整理其結果後，即為如下的分割表。試檢定 A 組與 B 組的認知率（知道的比率）有無差異。

	A	B	合計
知道	457	446	903
不知道	43	54	97
合計	500	500	1000

■ 想法

　　2×2 分割表的檢定方法有「費雪的精確機率檢定（Fisher's exact test）」與「χ^2 檢定」。

■ 假設的設定

　　2×2 分割表的一般形式，可以如下表現。

項目 B

項目 A		B1	B2	合計
	A1	a	b	n1
	A2	c	d	n2
	合計	m1	m2	N

　　虛無假設 H_0：A1(A2) 的發生機率，在 B1 與 B2 中是相同的。
　　對立假設 H_1：A1(A2) 的發生機率，在 B1 與 B2 中是不同的。

■ χ^2檢定的步驟

步驟 1　假設的設定
虛無假設 H_0：A 組與 B 組的母認知率相同
對立假設 H_1：A 組與 B 組的母認知率不同

步驟 2　設定顯著水準
顯著水準 $\alpha = 0.05$

步驟 3　計算檢定統計量 χ^2 值

$$\chi^2 = \frac{(ad-bc)^2 \times N}{n_1 \times n_2 \times m_1 \times m_2}$$

一般為了提高近似精密度，加上修正項的如下式子經常加以使用。

$$\chi^2 = \frac{(|ad-bc| - \frac{N}{2})^2 \times N}{n_1 \times n_2 \times m_1 \times m_2}$$

$-\frac{N}{2}$ 稱為葉茲（Yates）的修正。

步驟 4　計算顯著機率 p 值
計算與顯著水準相比較的顯著機率 p 值。
p 值在自由度 χ^2 的分配中是指 χ^2 值以上的機率。

步驟 5　判定
顯著機率＜顯著水準 α →否定虛無假設
顯著機率＞顯著水準 α →不否定虛無假設

■ SPSS的解法

步驟 1　資料的輸入
　資料的輸入有將交叉累計所得到的分割表資料予以輸入之情形，以及在交叉累計之前將既有資料予以輸入之情形。此處介紹輸入分割表中資料的方法。不管哪一種方法，步驟 2 以後都是相同的。當輸入分割表的資料時，請注意需要如下輸入資料。

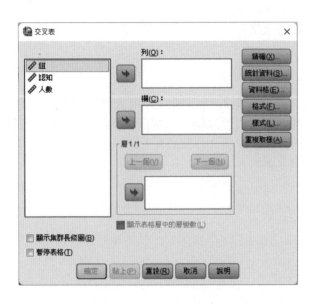

（註1）「組」的變數，加上 1=A，2=B 的數值標記。

（註2）「認知」的變數，加上 1= 不知道，2= 知道的數值標記。

（註3）「人數」的變數，要先宣告是使用觀察值加權機能的次數變數。

步驟2 製作交叉累計表

從〔分析〕的清單中選擇〔敘述統計〕-〔交叉累計表〕。

出現如下畫面。

步驟 3　此處，於〔列〕選擇〔認知〕，於〔欄〕選擇〔組〕之變數。（如
　　　　　於〔列〕選擇〔組〕，〔行〕選擇〔認知〕，其結果也是相同）。

步驟 4　接著，按一下〔統計資料〕，即出現如下的對話框。
　　選擇〔卡方檢定〕，按下〔繼續〕回到前面，再按一下〔確定〕，即執行
卡方檢定。

■ χ^2 檢定的結果

認知 * 組交叉表

個數

		組		總和
		A	B	
認知	知道	457	446	903
	不知道	43	54	97
總和		500	500	1000

卡方檢定

	數值	自由度	漸近顯著性（雙尾）	精確顯著性（雙尾）	精確顯著性（單尾）
Pearson 下方	1.381[b]	1	.240	.285	.143
連續性校正 [a]	1.142	1	.285		
概似比	1.384	1	.239		
Fisher's 精確檢定					
線性對線性的關連	1.380	1	.240		
有效觀察值的個數	1000				

a. 只能計算 2×2 表格
b.0 格（.0%）的預期個數少於 5、最小的預期個數為 48 50。

■ 結果的看法

　　由於問題是認知率有無差異，因之採用雙邊的顯著機率。一般檢定的顯著機率，會輸出在〔Pearson 卡方〕之列中，此處為 0.240，實施 Yates 修正後的檢定顯著機率，則輸出在〔連續性校正〕的列中是 0.285。不管採用哪一種顯著機率，均比顯著水準 0.05 大，故無法否定虛無假設。亦即，結論是 A 組與 B 組的母認知率不能說有差異。

　　但是，SPSS 限於 2×2 分割表，也會輸出精確顯著水準。這雖然是利用 Fisher 的精確機率計算法，而關於此事會在以下的例題 5-2 中解說。

Tea Break

　　「精確檢定」提供兩種方式，可透過「交叉表」和「無母數檢定」程序來計算可用統計量的顯著性層次。這兩種方法為「精確」和「Monte Carlo」法，在資料使用標準漸近法仍無法符合假設，造成結果不確定時，這兩種方法能幫助您取得更正確的結果。

5.1.2 精確機率檢定

例題 5-2

從台北市內上學的學生中，隨機抽出男性 80 人、女性 90 人，進行如下的意見調查。

（問 1）請回答性別。
　　　A. 男　　　　　　　　B. 女
（問 2）您家中有飼養寵物嗎？
　　　A. 有　　　　　　　　B. 無

將此回答結果進行交叉累計之後，得出如下的分割表。

	男	女
有飼養	2	8
無飼養	78	82

試檢定男性與女性中飼養寵物者之比率能否說有差異呢？

■ 想法

雖然是與例題 5-1 完全相同類型的問題，但前者介紹的 χ^2 檢定，當方格之中的次數較少時，即無法使用。像本例題有未滿 5 的情況下，最好進行 Fisher 的精確機率檢定。但，實際上不光是實測次數，期待次數也需考慮，因之檢定最好在如下的狀況下使用。

1. 期待次數有未滿 5 之方格。
2. 實測次數有未滿 5 之方格。

（註）SPSS 在 2×2 分割表的檢定中，同時也會輸出利用精確機率檢定的精確顯著機率，因之經常採用精確機率檢定之結果，此種作法也是可以的。

■ Fisher 的精確機率檢定

精確機率檢定的計算法是先固定列的合計與行的合計，接著考察比目前所得到的次數更偏頗的次數組合，並全部計算各自發生機率的一種方法。

今此例題的分割表假定是表 1。

表 1

	男	女
有飼養	2	8
無飼養	78	82

比表 1 更偏頗的結果，是如下的表 2 與表 3。

表 2

	男	女
有飼養	1	9
無飼養	79	81

表 3

	男	女
有飼養	0	10
無飼養	80	80

　　從表 1 到表 3 分別計算機率，再合計其機率，此即爲顯著機率（單邊）。機率的計算法，以如下的分割表來說明。表中的 a、b、c、d 是表示次數，a 當作是最小的值。

	行 1	行 2	合計
列 1	a	b	n1
列 2	c	d	n2
合計	m1	m2	n

$$機率 = \frac{n_1!\,n_2!\,n_3!\,n_4!}{n!} \sum_{i=0}^{a} \frac{1}{i!\,(n_1-i)!\,(m_1-i)(d-a+i)!}$$

本例題是

$$機率 = \frac{10!\,60!\,80!\,90!}{170!} \sum_{i=0}^{2} \frac{1}{i!\,(10-i)!\,(80-i)(82-2+i)!} = 0.0724$$

■ 精確機率檢定的結果

SPSS 的操作步驟與例題 5-1 相同。

寵物 * 性別 交叉表

個數

		性別		總和
		男	女	
寵物	飼養	2	8	10
	未飼養	78	82	160
總和		80	90	170

卡方檢定

	數值	自由度	漸近顯著性 (雙尾)	精確顯著性 (雙尾)	精確顯著性 (單尾)
Pearson 卡方	3.123b	1	.077		
連續性校正 a	2.075	1	.150		
概似比	3.366	1	.067		
Fisher's 精確檢定				.105	.072
線性對線性的關連	3.104	1	.078		
有效觀察值的個數	170				

a. 只能計算 2x2 表格

b. 1 格 (25.0%) 的預期個數少於 5。最小的預期個數為 4.71。

■ 結果的看法

由於問題是男性與女性有無差異，因之須注意雙邊的顯著機率。

$$顯著機率（雙邊）= 0.105 > 顯著水準 \alpha = 0.05$$

因之，男性與女性中飼養寵物之比率不能說有差異。

但是如注意精確顯著機率之值時，

$$雙邊 = 0.105，單邊 = 0.072$$

將單邊的數值放大兩倍也不等於雙邊的數值。精確機率檢定，只要第 1 列的合計不等於第 2 列的合計，或者第 1 行的合計不等於第 2 行的合計，即使將單邊的顯著機率放大兩倍也不會是雙邊的顯著機率，這是要注意的地方。

5.1.3 McNemar 檢定

例題 5-3

（同例題 4-8）

從台北市通勤的大學生中隨機抽出 200 人，進行如下的意見調查。

（問 1）您擁有行動電話嗎？

　　　A. 有　　　　　　　B. 無

（問 2）您擁有數位相機嗎？

　　　A. 有　　　　　　　B. 無

將此回答結果整理成如下的 2×2 分割表（數字表示人數）。

行動電話

數位相機		有	無	合計
	有	80	40	120
	無	30	50	80
	合計	110	90	200

擁有行動電話的人的比率與擁有數位相機的人的比率能否說有差異呢？

■ 想法

選取 200 人分別對問 1 與問 2 回答，因之必須注意存在同時具有行動電話與數位相機的人。檢定此種兩個比率之差的方法有 McNemar 檢定。

■ McNemar檢定

擁有行動電話者的母體比率設為 P_A，擁有數位相機者的母體比率設為 P_B，假設即為如下。

　　虛無假設 $H_0 : P_A = P_B$
　　對立假設 $H_1 : P_A \neq P_B$

以如下的分割表說明計算方法，表中的 a、b、c、d 是表次數。

行動電話

數位相機		有	無
	有	a	b
	無	c	d

此時的檢定統計量 χ^2 是：

$$\chi^2 = \frac{(|b-c|-1)^2}{b+c}$$

此 χ^2 值是利用在虛無假設 H_0 之下服從自由度 1 的 χ^2 分配來進行檢定。此型的分割表有如下的例子。

（例 1）檢定比率是否依時間的變化而變化。

教育後

教育前		贊成	反對
	贊成	a	b
	反對	c	d

（例 2）檢定複數回答的選項間比率是否有差異。

選項 2

選項1		選擇	未選擇
	選擇	a	b
	未選擇	c	d

（例 3）檢定兩個檢查項目中的陽性比率是否有差異。

檢查 2

檢查1		有	無
	有	a	b
	無	c	d

■ SPSS的解法

步驟 1 資料的輸入

以輸入累計結果的方式解說。如以輸入累計前的原始資料之方式來進行也是相同。

（註1）「行動電話」的變數，加上 1= 有，2= 無的數值註解。

（註2）「數位相機」的變數，加上 1= 有，2= 無的數值註解。

（註3）「人數」的變數，要先宣告是次數變數。

步驟 2　製作交叉累計表

　　從〔分析〕的清單選擇〔敘述統計〕–〔交叉累計表〕。

出現如下的對話框。

於〔列〕選擇〔數位相機〕，於〔欄〕選擇〔行動電話〕的變數。接著，按一下〔統計資料〕，出現如下的對話框。

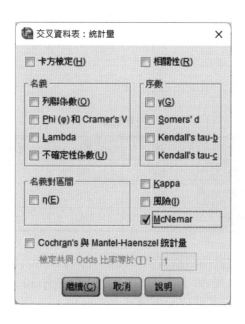

選擇〔McNemar〕，按一下〔繼續〕，回到前面的對話框。接著再按下〔確定〕即可得出檢定結果

■ 檢定的結果

數位相機 * 行動電話 交叉表

個數

		行動電話		總和
		男	女	
數位相機	飼養	80	40	120
	未飼養	30	50	80
總和		110	90	200

卡方檢定

	數值	精確顯著性 (雙尾)
McNemar檢定		.282[a]
有效觀察值的個數	200	

a. 使用二項式分配

■ 結果的看法

顯著機率（雙邊）= 0.282 > 顯著水準 $\alpha = 0.05$。

因之，虛無假設無法否定。亦即，擁有行動電話的人之比率與擁有數位相機的人之比率不能說有差異。

■ 二項檢定的利用

本例題也可以利用二項檢定進行分析。

行動電話

		有	無	合計
數位相機	有	80	40	120
	無	30	50	80
	合計	110	90	200

只擁有行動電話與數位相機其中一種的人有 70（40+30）。其中如只注意只擁有行動電話的人是 30 人。因此，以 70 人中有 30 人的資料為依據，檢定機率是否為 0.5，以此進行二項檢定。

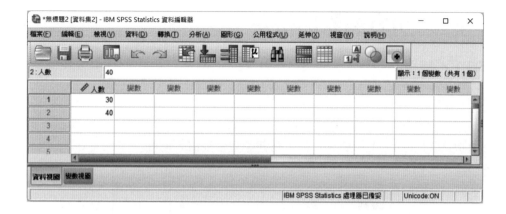

■ 二項檢定的結果

NPar 檢定

二項式檢定

		類別	個數	觀察比例	檢定比例	漸近顯著性 (雙尾)
人數	組別1	30	30	.43	.50	.282[a]
	組別2	40	40	.57		
	總和		70	1.00		

a. 以 Z 近似為基礎。

（參考）

如計算精確機率時，得出如下結果。

NPar 檢定

二項式檢定

		類別	個數	觀察比例	檢定比例	漸近顯著性 (雙尾)	精確顯著性 (雙尾)
人數	組別1	30.00	30	.43	.50	.282[a]	.282
	組別2	40.00	40	.57			
	總和		70	1.00			

a. 以 Z 近似為基礎。

此精確機率之值 0.282 與 McNemar 的檢定結果一致。

5.2 *l×m* 分割表的檢定

5.2.1 χ^2 檢定

例題 5-4

　　某學校對學生進行了興趣調查，共有 A、B、C、D 四個班。整理調查結果即為如下的 4×4 分割表。各班的興趣是否能說相同呢？試檢定之。

	A	B	C	D
運動	20	6	9	8
讀書	6	33	7	8
音樂	7	14	29	10
電影	9	7	8	24

■ 想法

　　l 列 *m* 行的 *l×m* 分割表的檢定，利用如下性質。

　　第 *i* 列第 *j* 行的實測次數當作 f_{ij}，期待次數當作 t_{ij}，則：

$$\sum_i \sum_j \frac{(f_{ij} - t_{ij})^2}{t_{ij}}$$

服從自由度 $(l-1)\times(m-1)$ 的 χ^2 分配。

　　此處第 *i* 列第 *j* 行的期待次數當作 t_{ij}，如下計算。

　　第 *i* 列的合計記為 $N_{i\cdot}$，第 *j* 行的合計記為 $N_{\cdot j}$，總合計是 N，所以：

$$t_{ij} = \frac{N_{i\cdot} \times N_{\cdot j}}{N}$$

■ 檢定的步驟

步驟 1　假設的設定

　　虛無假設 H_0：各班級的興趣傾向相同

　　對立假設 H_1：各班級的興趣傾向不同

步驟 2　設定顯著水準

　　顯著水準 $\alpha = 0.05$

步驟 3　計算檢定統計量 χ^2 值

$$\chi^2 = \sum_i \sum_j \frac{(f_{ij} - t_{ij})^2}{t_{ij}}$$

步驟 4　計算自由度 ϕ

$$\phi = (l-1) \times (m-1)$$

步驟 5　計算顯著機率 p 值

計算要與顯著水準相比較的顯著機率 p 值。顯著機率在自由度中的 χ^2 分配中即為 χ^2 值以上的機率。

步驟 6　判定

顯著機率 ≤ 顯著水準 α → 否定虛無假設
顯著機率 > 顯著水準 α → 不否定虛無假設

■ SPSS的解法

步驟 1　資料的輸入

此處雖解說輸入累計結果的方式，但如輸入累計前的原始資料，其輸入後的進行方式也是相同的。

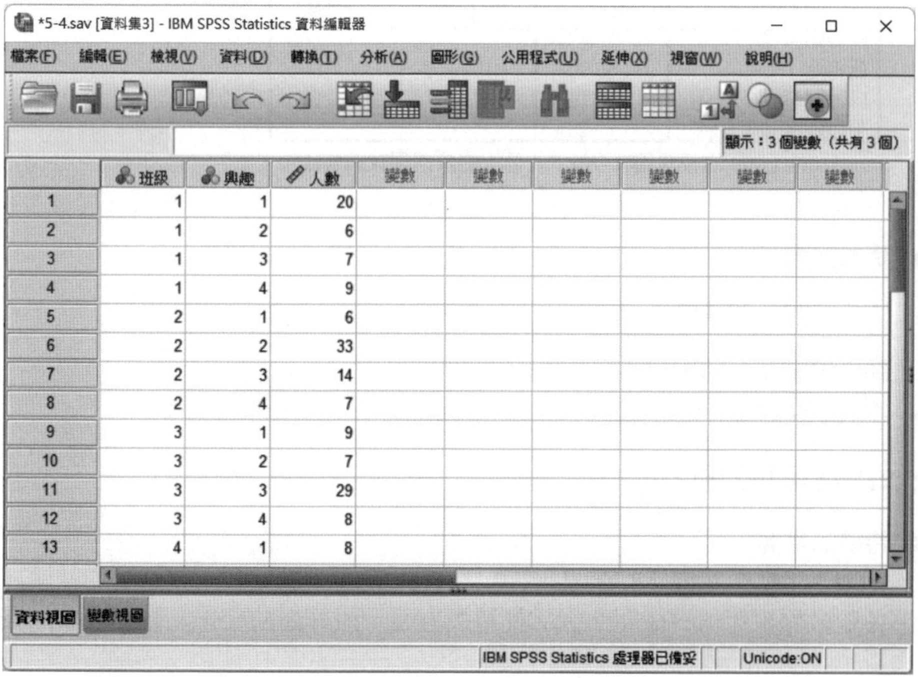

（註1）「班級」的變數，貼上 1=A，2=B，3=C，4=D 之數值標記。

（註2）「興趣」的變數，貼上 1= 運動，2= 讀書，3= 音樂，4= 電影之數值
　　　　標記。

（註3）「人數」的變數，要先宣告是次數變數。

步驟2　製作交叉累計表

此後的步驟與例題 5-1 相同。

■ 檢定的結果

興趣 ＊ 班級 交叉表

個數

		班級				總和
		A	B	C	D	
興趣	運動	20	6	9	8	43
	讀書	6	33	7	8	54
	音樂	7	14	29	10	60
	電影	9	7	8	24	48
總和		42	60	53	50	205

卡方檢定

	數值	自由度	漸近顯著性 (雙尾)
Pearson卡方	79.457[a]	9	.000
概似比	69.903	9	.000
線性對線性的關連	18.190	1	.000
有效觀察值的個數	205		

a. 0格 (.0%) 的預期個數少於 5。最小的預期個數為 8.81。

■ 結果的看法

$$\chi^2 = 79.457$$

顯著機率 = 0.000 < 顯著水準 $\alpha = 0.05$

因之否定虛無假設。亦即，各班級的興趣傾向可以說有差異。

5.2.2 殘差的分析

■ 特徵的掌握

例題 5-4 中，其檢定的結果，得出在各班級的興趣傾向上有差異的結論。
那各班級具有何種特徵呢？欲掌握特徵方面，最好斟酌殘差。分割表中的殘

差，即爲實測次數與期待次數之差。殘差大的地方即是有特徵的地方。但實際上，並非殘差本身，而是計算調整後殘差，並斟酌其值。

此處，敘述調整後殘差的計算方法。

首先計算標準化殘差：

$$e_{ij} = \frac{f_{ij} - t_{ij}}{\sqrt{t_{ij}}}$$

其次，計算 e_{ij} 的變異數 V_{ij}：

$$V_{ij} = (1 - \frac{n_{i\cdot}}{N}) \times (1 - \frac{n_{\cdot j}}{N})$$

接著，計算調整後殘差：

$$d_{ij} = \frac{e_{ij}}{\sqrt{V_{ij}}}$$

調整後殘差 d_{ij} 近似地服從平均 0，標準差爲 1 的常態分配。從此性質來看，如 $|d_{ij}|$ 在 2 以上時，即可視爲有特徵的地方。

■ SPSS的解法

資料是例題 5-4，已有所輸出。

步驟 1 從〔分析〕的清單中選擇〔敘述統計〕−〔敘述統計〕−〔交叉累計表〕。

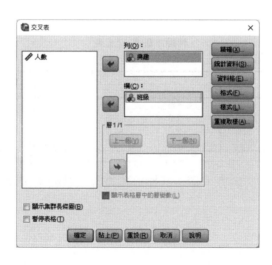

步驟 2 此處按一下右方的〔格式〕時，即出現如下的對話框。

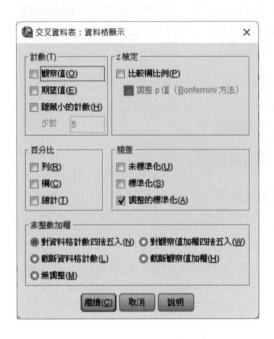

步驟 3 選擇〔調整的標準化〕，按一下〔繼續〕，即回到前面的畫面。再按下〔確定〕即可求出調整後殘差。

■ 調整後殘差

興趣 * 班級 交叉表

調整後的殘差

興趣		班級			
		A	B	C	D
興趣	運動	4.8	-2.5	-.8	-1.0
	讀書	-2.0	6.0	-2.5	-1.9
	音樂	-2.0	-1.2	4.7	-1.7
	電影	-.3	-2.6	-1.7	4.7

　　調整後殘差是正的地方，顯示其比他項來說次數較多，而負的地方則是次數較少。

從 d_{ij} 來看，各班級的特徵如下。

・A 班是運動多，讀書與音樂少。

・B 班是讀書多，運動與電影少。

・C 班是音樂多，讀書少。

・D 班是電影多。

（參考）利用對應分析之分割表的視覺化

以對應分析來分析分割表時，可以作成如下所示的佈置圖。

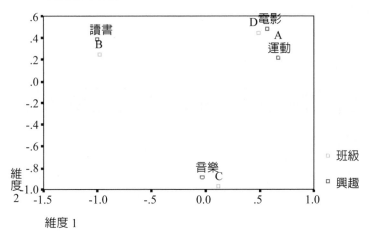

5.3 順序類別的分割表

5.3.1 2×m 分割表

例題 5-5

某旅館從住宿者之中隨機選出男性與女性各 100 名，並詢問以下問題。
（問）請回答對本旅館的綜合滿意度。
1. 不滿
2. 略為不滿
3. 很難說
4. 略為滿意
5. 滿意
累計此回答結果，並整理成如下的 2×5 分割表。

	不滿	略為不滿	很難說	略為滿意	滿意
男	5	15	35	30	15
女	10	25	30	25	10

試檢定男與女在滿意度上可否說有差異。

■ 想法

本例題的 2×5 分割表，配置於行的選項（類別）之間，愈是右邊的行，其滿意度愈高，需要注意此順序。此種分割表稱為順序類別的分割表，或類別有順序的分割表。

通常 2×m 分割表的檢定是應用 χ^2 檢定。可是，像本例題是順序類別的分割表時，忽略順序資訊的 χ^2 檢定並非有效。此時，如用 Wilcoxon 等級和檢定或累積 χ^2 檢定、最大 χ^2 檢定等都是有效的。本書介紹在 SPSS 中利用 Wilcoxon 等級和（或稱順位和）檢定之方法。

■ 利用Wilcoxon等級和檢定的分割表檢定

今比較的組數設為 2，列數是 2，行數是 m，於各行配置有順序的類別，假定有此種 2×m 分割表。第 i 組（i = 1, 2）的第 j 類（j = 1, 2, …, m）的次數設為 n_{ij}。又，第 1 組的次數合計設為 n_1，第 2 組的次數合計設為 n_2，全體的次數設為 N。

	行 1	⋯	行 j	⋯	行 m
列 1	n_{11}		n_{1j}		n_{1m}
列 2	n_{21}		n_{2j}		n_{2m}

將各類的次數合計（亦即行計）設爲 T_j，則：

$$T_j = n_{1j} + n_{2j}$$

第 j 類的等級是 r_j 時：

$$r_j = T_1 + T_2 + \cdots + T_{j-1} + (T_j + 1)/2$$

各組的等級和 $R_i(i = 1, 2)$ 是：

$$R_j = \sum_{j=1}^{m} r_j \times n_{ij}$$

對同等級的個數 T_j 加上修正項 C 是：

$$C = 1 - \frac{1}{N^3 - N} \sum_{j=1}^{m} (T_j^3 - T_j)$$

將 n_1 與 n_2 之較小者設爲 n，其等級和 R_i 當作 W，則檢定統計量 z 爲：

$$z = \frac{\left| W - \frac{1}{2}n(N+1) \right| - \frac{1}{2}}{\sqrt{\dfrac{C \times n_1 \times n_2 \times (N+1)}{12}}}$$

顯著水準是利用 z 服從平均 0，標準差 1 的標準常態分配。

■ SPSS的解法

步驟 1　資料的輸入

此處雖解說輸入累計結果的方式，但如輸入累計前的原始資料之方式，其輸入後的進行方式也是相同。

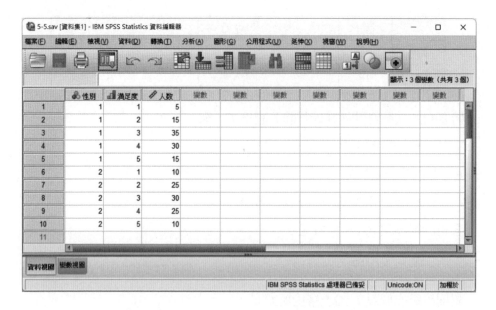

（註1）「性別」的變數貼上 1= 男，2= 女的數值標籤。

（註2）「人數」的變數要先宣告是次數變數。

步驟 2 無母數檢定的選擇

　　從〔分析〕的清單選擇〔無母數檢定〕－〔舊式對話框〕－〔2 個獨立樣本之檢定〕。

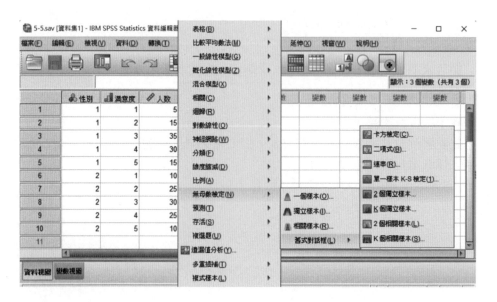

出現如下的對話框。

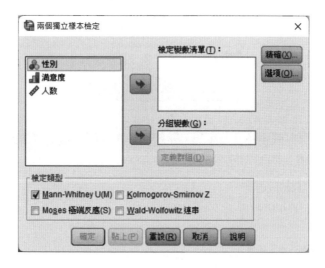

步驟 3　變數的選擇
1. 於〔檢定變數清單〕中選擇〔滿意度〕。
2. 於〔分組組化變數〕中選擇〔性別〕。

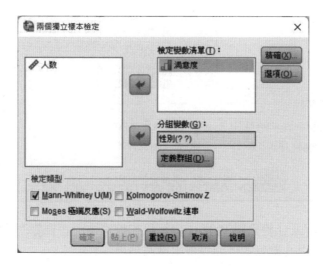

此處，按一下〔定義群組〕。

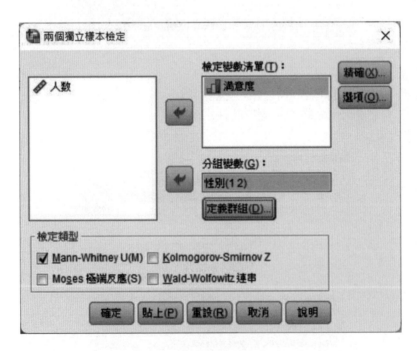

在〔組 1〕的方框中輸入〔1〕，〔組 2〕的方框中輸入〔2〕。
按一下〔繼續〕即回到原來的畫面。

步驟 4　檢定方法的選擇
選擇〔Mann-Whitney U〕。

Mann-Whitney U 檢定與 Wilcoxon 等級和檢定，兩者皆提供相同的結果。
此處，再按一下〔確定〕，即可得出檢定結果。

■ 檢定的結果

Mann-Whitney 檢定

等級

	性別	個數	等級平均數	等級總和
滿意度	男	100	109.13	10912.50
	女	100	91.88	9187.50
	總和	200		

檢定統計量 [a]

	滿意度
Mann-Whitney U 統計量	4137.500
Wilcoxon W 統計量	9187.500
Z 檢定	-2.180
漸近顯著性 (雙尾)	.029

a. 分組變數：性別

■ 結果的看法

虛無假設 H_0：男女間滿意度無差異

對立假設 H_1：男女間滿意度有差異

　　　顯著機率（雙邊）= 0.029 < 顯著水準 0.05

因之，否定虛無假設。亦即，男女在滿意度上可以說有差異。

5.3.2 $l \times m$ 分割表

例題 5-6

某旅館從住宿者之中隨機選出學生、OL（Office lady）、生意人 50 人詢問如下問題。

（問 X）請回答對本旅館的綜合滿意度。

　　　1. 不滿

　　　2. 略為不滿

　　　3. 很難說

　　　4. 略為滿意

　　　5. 滿意

累計此回答結果，整理成如下的 3×5 分割表。

	不滿	略為不滿	很難說	略為滿意	滿意
學生	6	11	16	6	11
OL	7	8	15	14	6
生意人	15	11	13	6	5

試檢定學生、OL、生意人之間在滿意度上有無差異。

■ 想法

此例題的 3×5 分割表,與例題 5-5 一樣是類別有順序的分割表,愈右方的行,其滿意度愈高。與例題 5-5 不同的是:比較滿意度的組數(列數)是3。

當比較的組數是 2 時,可應用 Wilcoxon 等級和檢定,但此檢定方法無法應用在組數是 3 以上時。此時,可以應用 Kruskal-Wallis 等級和檢定。

一般在行的類別有順序的 $l \times m$ 分割表中,當 l 爲 2 時應用 Wilcoxon 等級和檢定,當 l 爲 3 以上時,則最好應用 Kruskal-Wallis 等級和檢定。

■ 利用Kruskal-Wallis等級和檢定的分割表檢定

今比較的組數設爲 l,列數設爲 l,行數設爲 m,各行配置有順序的類別,假定有此種的 $l \times m$ 分割表。

將第 i 組(i = 1, 2, …, 1)的第 j 類(j = 1, 2, …, m)的次數設爲 n_{ij}。又,第 i 組的次數合計設爲 n_i,全體的次數設爲 N。

各類的次數合計(亦即行計)設爲 T_j 時:

$$T_j = n_{1j} + n_{2j} + \cdots + n_{lj}$$

第 j 類的等級是 r_j 時:

$$r_j = T_1 + T_2 + \cdots + T_{j-1} + (T_j + 1)/2$$

各組的等級和 $R_i(i = 1, 2, \cdots, l)$ 是:

$$R_j = \sum_{j=1}^{m} r_j \times n_{ij}$$

對同等級的個數 T_j 加上修正項 C 是:

$$C = 1 - \frac{1}{N^3 - N} \sum_{j=1}^{m} (T_j^3 - T_j)$$

檢定統計量 H 為

$$H = \frac{6}{C}\left\{\frac{2}{N(N+1)}\sum_{i=1}^{l}\frac{R_j^2}{n_i} - \frac{N+1}{2}\right\}$$

p 值是利用 H 服從自由度 $l-1$ 的 χ^2 分配。

■ SPSS的解法

步驟 1   資料的輸入

此處雖解說輸入累計結果的方式，但如輸入累計前的原始資料之方式，其輸入後的進行方式也是相同。

（註1）「層」的變數是貼上 1= 學生，2=OL，3= 生意人的數值標記。

（註2）「人數」的變數要宣告是次數變數。

步驟 2   選擇無母數檢定

從〔分析〕的清單中選擇〔無母數檢定〕–〔舊式對話框〕–〔k 個獨立樣本之檢定〕。

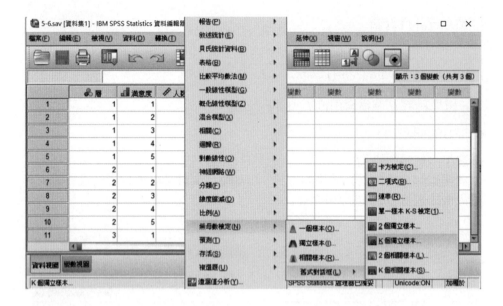

出現如下的對話框。

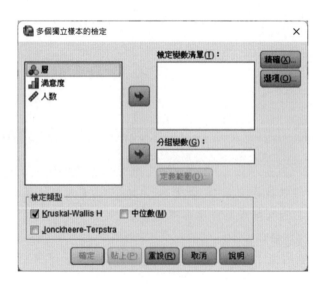

步驟3 變數的選擇

1. 在〔檢定變數清單〕中選擇〔滿意度〕。

2. 在〔分組變數〕中選擇〔層〕。

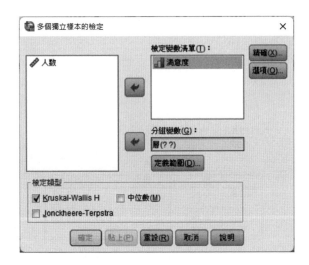

此處，按一下〔定義範圍〕。

由於有 3 個組，於〔最小〕的方框中輸入〔1〕，〔最大〕的方框中輸入〔3〕。

按一下〔繼續〕即回到原來的畫面（如下）。

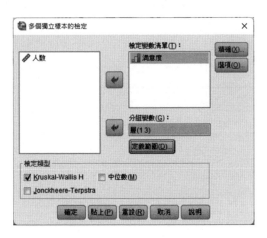

步驟4 檢定方法的選擇

選擇〔Kruskal-Wallis H〕。

接著再按一下〔確定〕，即可得出檢定結果。

■ 檢定的結果

Kruskal-Wallis 檢定

等級

	層	個數	等級平均數
滿意度	學生	50	81.62
	OL	50	82.22
	生意人	50	62.66
	總和	150	

檢定統計量 a,b

	滿意度
卡方	6.887
自由度	2
漸近顯著性	.032

a. Kruskal Wallis 檢定
b. 分組變數：層

■ 結果的看法

虛無假設 H_0：3 個層的滿意度沒有差異

對立假設 H_1：3 個層的滿意度有差異

顯著機率（雙邊）= 0.032 < 顯著水準 0.05

因之，否定虛無假設 H_0。亦即，學生、OL、生意人在滿意度上可以說有差異。

第 6 章
平均值的分析

本章內容

6.1 平均值的比較

6.1.1 盒形圖

例題 6-1

利用某意見調查進行如下詢問。

（問 1）請回答您的性別。男 ・ 女
（問 2）請回答您一個月的書籍費。（　　）元

將回答者全體依據問 1 的回答分成男女之後，再將問 2 的回答作成一覽表，即為如下的資料表。男女分別由 20 人回答。

資料表

編號	男	女	編號	男	女
1	12000	9000	11	40000	33500
2	19000	14000	12	33000	30000
3	9500	6000	13	50000	32500
4	31000	28000	14	23000	18000
5	12500	5500	15	10500	4000
6	21000	16000	16	22000	17000
7	20000	15000	17	34000	30500
8	18500	7000	18	11000	8000
9	25000	27000	19	32000	29000
10	13000	10000	20	24000	26000

為了觀察男女在書籍費上是否有差異，試製作圖形看看。

■ 利用盒形圖的圖形表現

像金額或年齡等量資料（間隔尺度）的情形，當比較 2 組以上的組時，使用盒形圖是有幫助的。

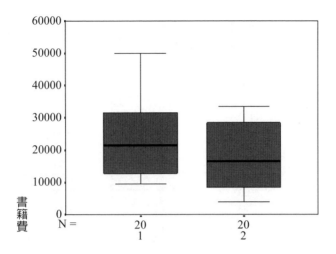

觀察盒形圖，需要知道 5 個數的表徵值。所謂 5 數表徵是將資料的群體歸納成如下 5 個統計量：

1. 中央值　2. 最大值　3. 最小值　4. 上樞紐　5. 下樞紐

所謂上樞紐（Hinge），是指所有資料的 75% 比該值小的地方，也稱為 75% 百分位數。所謂下樞紐是所有資料的 25% 比該值小的地方，也稱為 25% 百分位數。上樞紐與下樞紐之差稱為樞紐寬度（四分位全距），用來當作觀察變異大小的統計量。

所謂盒形圖是以圖形表現 5 個數的表徵，它是由上樞紐與下樞紐所構成的箱子，以及由箱子的端向最大值與最小值延伸的鬚所形成。橫切箱的線表示中央值，要注意並非是平均值。箱子的縱方向長度是樞紐寬度，箱子之中包含有 50% 的資料。

盒形圖在比較數組的中心位置與變異程度上是一個有效的圖形，檢驗出偏離值也極為有效。從箱子畫出的線（鬚）雖然是向最大值及最小值延伸，但從箱子一端偏離樞紐寬度 1.5 倍以上的數據如存在時，即當作偏離值表示。如偏離 3 倍以上時，則特別稱為異常值（Outlier）或稱極端值（Extreme value）。

■ SPSS的解法

步驟 1　資料的輸入

並非將書籍費按男女分別輸入，而是建立「書籍費」的變數，將此於第一行中輸入，並且在另一行建立「性別」的變數，輸入表示男或女的資料。「性別」的變數，是貼上 1 = 男，2 = 女的數值標記。

	書籍費	性別
1	12000	1
2	19000	1
3	9500	1
4	31000	1
5	12500	1
6	21000	1
7	20000	1
8	18500	1
9	25000	1
10	13000	1
11	40000	1
12	33000	1
13	50000	1
14	23000	1
15	10500	1
16	22000	1
17	34000	1
18	11000	1
19	32000	1
20	24000	1

	書籍費	性別
21	9000	2
22	14000	2
23	6000	2
24	28000	2
25	5500	2
26	16000	2
27	15000	2
28	7000	2
29	27000	2
30	10000	2
31	33500	2
32	30000	2
33	32500	2
34	18000	2
35	4000	2
36	17000	2
37	30500	2
38	8000	2
39	29000	2
40	26000	2

步驟 2　圖形的選擇

　　從〔圖形〕的清單中選擇〔舊式對話框〕-〔盒形圖〕。

出現如下的對話框。

步驟 3　此處，按一下〔定義〕，即出現如下的對話框。

步驟 4　變數的選擇
　　於〔變數〕中選擇想顯示在縱軸上之變數即〔書籍費〕。
　　於〔種類軸〕中選擇想顯示在橫軸上之變數即〔性別〕。

接著，按一下〔確定〕，即可製作出如下的盒形圖。

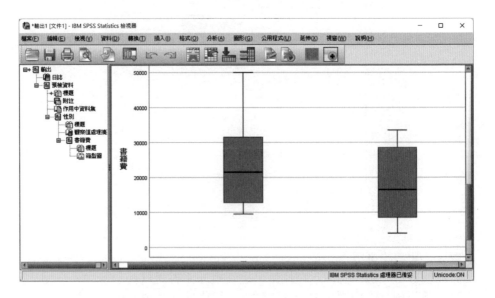

■ 盒形圖的觀察

觀察盒形圖時，可以知道如下事項。
　・偏離值不存在。
　・男女間的書籍費之差異〔中央值〕不大。
　・箱的大小似乎沒有差異。

6.1.2 t 檢定

例題 6-2（同例題 6-1）

利用某意見調查進行如下詢問。

（問 1）請回答您的性別。男 ・ 女
（問 2）請回答您一個月的書籍費。（　　　）元

將回答者全體依據問 1 的回答分成男女之後，再將問 2 的回答做成一覽表，即為如下的資料表。男女分別由 20 人回答。

資料表

編號	男	女	編號	男	女
1	12000	9000	11	40000	33500
2	19000	14000	12	33000	30000
3	9500	6000	13	50000	32500
4	31000	28000	14	23000	18000
5	12500	5500	15	10500	4000
6	21000	16000	16	22000	17000
7	20000	15000	17	34000	30500
8	18500	7000	18	11000	8000
9	25000	27000	19	32000	29000
10	13000	10000	20	24000	26000

為了觀察男女在書籍費上是否有差異，試製作圖形看看。

■ 想法

本例題中男性 20 人與女性 20 人是沒有任何關係的 2 個組。此種 2 個組稱為獨立的 2 個樣本。此種 2 個獨立樣本中的平均值之差，欲判定統計上是否有意義（換言之，判定 2 個母平均差是否有差異）的方法，有 2 個母平均之差的 t 檢定。t 檢定在可以假定資料服從常態分配的狀況下加以使用。

■ 檢定的假設
此例題想檢定的假設，可以如下表現。

$$虛無假設 H_0：\mu_1 = \mu_2$$
$$對立假設 H_0：\mu_1 \neq \mu_2$$

此處，μ_1 是表示男性的書籍費的母平均，μ_2 是表示女性的書籍費的母平均。

■ SPSS的解法

步驟 1 資料的輸入
與例題 6-1 的形式同樣輸入。

步驟 2 t 檢定的選擇
從〔分析〕的清單中選擇〔比較平均數法〕－〔獨立樣本 T 檢定〕。

出現如下的對話框。

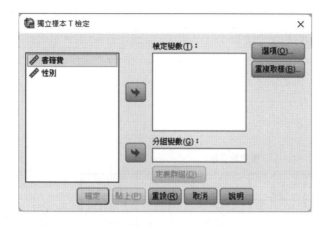

步驟 3 變數的選擇

於〔檢定變數〕中選擇〔書籍費〕。

於〔分組變數〕中選擇想在橫軸上表示之變數即〔性別〕。

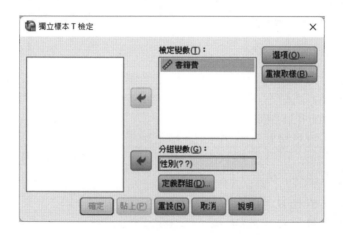

此處按一下〔定義群組〕。

　　於〔群組 1〕輸入〔1〕，〔群組 2〕輸入〔2〕。按一下〔繼續〕即回到原來的畫面，再按下〔確定〕，即可得出檢定的結果。

■ t檢定的結果

T 檢定

組別統計量

	性別	個數	平均數	標準差	平均數的標準誤
書籍費	1	20	23050.00	10889.28	2434.92
	2	20	18300.00	10278.23	2298.28

獨立樣本檢定

		變異數相等的Levene檢定		平均數相等的t檢定						
									差異的95%信賴區間	
		F檢定	顯著性	t	自由度	顯著性(雙尾)	平均差異	標準誤差異	下界	上界
書籍費	假設變異數相等	.095	.759	1.419	38	.164	4750.00	3348.27	-2028.22	11528.22
	不假設變異數相等			1.419	37.874	.164	4750.00	3348.27	-2028.96	11528.96

■ 結果的看法

　　以 2 個母平均之差的 t 檢定來說，假定 2 個組的母變異數相等時與未假定相等時的計算方法是不同的，結論也不一定一致。母變異數假定不相等時的方法稱為 Welch 的 t 檢定。

　　到底是採用假定母變異數相等之 t 檢定結果？還是採用不假定母變異數相等之檢定結果呢？可參考 Levene 檢定的結果。所謂 Levene 檢定是建立兩個母變異數是否相等的檢定，假設如下。

$$虛無假設 H_0 : \sigma_1^2 = \sigma_2^2$$
$$對立假設 H_0 : \sigma_1^2 \neq \sigma_2^2$$

　　此處，σ_1^2 表示男性的書籍費之母變異數，σ_2^2 是表示女性的書籍費之母變異數。

　　注意「等變異性的 Levene 檢定」一欄，觀察顯著機率時，

$$顯著機率 = 0.759 > 0.05$$

　　因之不否定虛無假設 H_0，母變異數不能說有差異。因此，平均值之差的檢定結果即決定採用假定等變異的 t 檢定結果。又：

$$顯著機率 = 0.164 > 0.05$$

　　因之不否定虛無假設 H_0，母平均不能說有差異。亦即，男女的書籍費不能說有差異。

Tea Break

一般在使用差異分析時，常用的方法為獨立樣本 t 檢定及單因子變異數分析（One-way ANOVA），可是這二個方法其實都有前提假設：
1. 獨立性（Independence）：資料來自彼此獨立的隨機樣本
2. 常態性（Normality）：樣本必須取自服從常態分配的母體
3. 變異數同質性（Homogeneity of variance）：各組樣本必須取自變異數相等的母體。
   理論上，如沒有滿足這三個假設，檢定結果是不成立的。

6.1.3 Wilcoxon 等級和檢定（Mann-Whitney U 檢定）

例題 6-3（同例題 6-1、6-2）

利用某意見調查進行如下詢問。

（問 1）請回答您的性別。男 · 女
（問 2）請回答您一個月的書籍費。（　　）元

將回答者全體依據問 1 的回答分成男女，再將問 2 的回答做成一覽表，即為如下的資料表。男女分別由 20 人回答。

資料表

編號	男	女	編號	男	女
1	12000	9000	11	40000	33500
2	19000	14000	12	33000	30000
3	9500	6000	13	50000	32500
4	31000	28000	14	23000	18000
5	12500	5500	15	10500	4000
6	21000	16000	16	22000	17000
7	20000	15000	17	34000	30500
8	18500	7000	18	11000	8000
9	25000	27000	19	32000	29000
10	13000	10000	20	24000	26000

為了觀察男女在書籍費上是否有差異，試製作圖形看看。

■ 想法

前面的例題是使用 t 檢定，此處介紹另一稱為無母數統計的方法。

由意見調查所得到的資料，經常存在有偏離值，或資料無法假定特定的分配（無法假定常態分配）之情形。此時，使用無母數統計的方法是有效的。無母數統計法是對資料未假定特定分配之分析法的總稱，以下介紹無母數統計法中的一個手法。

無母數統計法的特徵，是將資料變換成等級值（將資料以大小順序重排），以等級值作為分析的對象。變換成等級值，不將原來資料的分配當作問題使之能分析。

本例題是檢定男女書籍費的中心位置之不同，一般可以使用如先前例題的 t 檢定。可是，t 檢定是假定常態分配的檢定方法，如無法假定常態分配時是不適切的。此時經常使用之假定方法是稱為 Wilcoxon 等級和的無母數統計方法。事實上，此方法在第五章當作分析順序類別的分割表手法中有介紹過。

■ 等級和檢定

虛無假設與對立假設如下。

虛無假設 H_0：2 組的中心位置相同。

對立假設 H_1：2 組的中心位置不同。

本例題關心的是 2 組的書籍費（男與女）是否有差異，因之是雙邊檢定。今第 1 組的資料數設為 n_1，第 2 組的資料數設為 n_2，全體的資料數設為 $n(= n_1 + n_2)$。

等級和檢定是首先將 2 組的資料合在一起，由小的一方依序設定等級。接著，求出第 1 組的等級和（等級的合計）W_1 與第 2 組的等級和 W_2。

此處，將資料數少的一組之等級和當作 W，它的資料數當作 m。檢定統計量 Z 即為如下：

$$Z = \frac{W - \dfrac{m(n+1)}{2}}{\sqrt{\dfrac{n_1 n_2 (n+1)}{12}}}$$

顯著機率是利用檢定統計量 Z 服從標準常態分配之情形下求出。

■ SPSS的解法

步驟 1　資料的輸入

與例題 6-1 的形式相同地輸入。

步驟 2 選擇無母數檢定

從〔分析〕的清單中選擇〔無母數檢定〕-〔舊式對話框〕-〔2 個獨立樣本檢定〕。

出現如下的對話框。

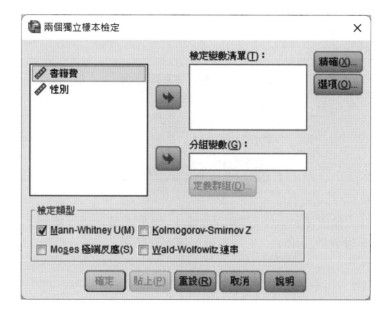

步驟 3 變數的選擇與檢定方法的選擇

於〔檢定變數清單〕中選擇〔書籍費〕。

於〔分組變數〕中選擇想表示於橫軸的變數即〔性別〕。

〔檢定類型〕選擇〔Mann-Whitney U〕

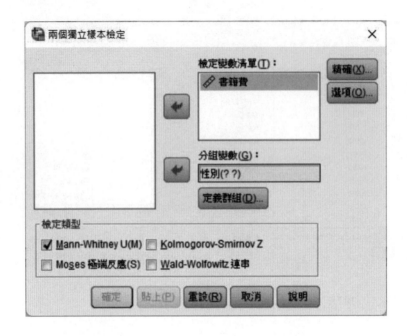

步驟 4 此處按一下〔定義群組〕，出現如下對話框。

〔群組 1〕輸入〔1〕，〔群組 2〕輸入〔2〕。按一下〔繼續〕即回到前面的畫面，接著按〔確定〕，即可得出檢定的結果。

■ Wilcoxon（Mann-Whitney檢定）的結果

Mann-Whitney 檢定

等級

	性別	個數	等級平均數	等級總和
書籍費	1	20	23.10	462.00
	2	20	17.90	358.00
	總和	40		

檢定統計量[b]

	書籍費
Mann-Whitney U 統計量	148.000
Wilcoxon W 統計量	358.000
Z 檢定	-1.407
漸近顯著性 (雙尾)	.160
精確顯著性 [2*(單尾顯著性)]	.165[a]

a. 未對等值結做修正。

b. 分組變數：性別

■ 結果的看法

顯著機率 = 0.160 > 顯著水準 0.05

因之，無法否定虛無假設，亦即不能說男女的書籍費有差異。

（註）即使是使用精確機率，顯著機率也是 0.165，所以結論不變。

6.2 有對應時平均值的比較

6.2.1 利用時間數列的圖形表現

例題 6-4

利用意見調查對相同人物按去年與今年分成兩次進行如下的詢問。

（問）請回答您一個月的書籍費。（　　）元

將此回答結果整理即爲如下的資料表。回答的人數是 20 人。

資料表

回答者	去年	今年	回答者	去年	今年
1	12,000	10,000	11	40,000	52,000
2	19,000	16,000	12	33,000	46,000
3	9,500	8,000	13	50,000	53,500
4	31,000	32,400	14	23,000	32,500
5	12,500	13,800	15	10,500	10,000
6	21,000	22,450	16	22,000	27,000
7	20,000	22,500	17	34,000	38,000
8	18,500	31,000	18	11,000	15,500
9	25,000	23,100	19	32,000	40,500
10	13,000	3,000	20	24,000	32,000

試製作可觀察去年與今年的書籍費是否有差異的圖形。

■ 時間數列點圖

本例題是 2 組（去年與今年）均爲同一人物的資料形成配對，此種狀態稱爲資料有對應。當資料有對應時折線圖是有效的。

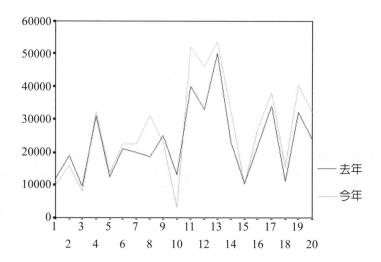

此外,也能作出如下的圖形,但當線的數目增多時即不易觀察。

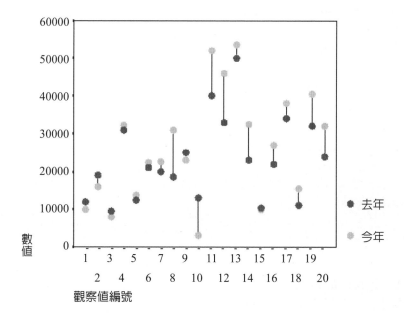

■ SPSS的解法

步驟 1 資料的輸入
第一行輸入去年的資料。
第二行輸入今年的資料。

步驟 2 選擇時間數列
選擇〔分析〕清單中的〔預測〕-〔序列圖〕。

出現如下的對話框。

步驟3 於〔變數〕中選擇〔去年〕與〔今年〕，按一下〔確定〕即可製作
圖形。

出現如下的序列圖形。

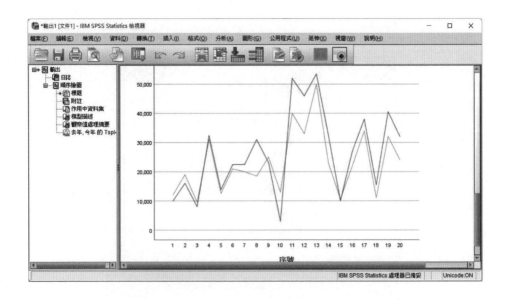

Tea Break

序列圖會顯示物件所扮演角色之間的訊息交換範例情節。在測試案例中有許多使用此功能的方式,包括分析與設計範例情節、執行追蹤及預期行為等。

序列圖會顯示物件在一段時間內向彼此傳送的訊息,以協助您了解它們之間的互動與關係。此外,它們還適用於檢視動畫執行的主要工具。當您執行動畫程式時,其系統動態顯示為物件之間的互動以及事件的相對計時。

6.2.2 有對應的平均值之差的檢定

例題 6-5(同例題 6-4)

利用意見調查對同一人物按去年與今年分成兩次進行如下的詢問。

(問)請回答您一個月的書籍費。(　　)元

將此回答結果整理即為如下的資料表。回答的人數是 20 人。

資料表

回答者	去年	今年	回答者	去年	今年
1	12,000	10,000	11	40,000	52,000
2	19,000	16,000	12	33,000	46,000
3	9,500	8,000	13	50,000	53,500
4	31,000	32,400	14	23,000	32,500
5	12,500	13,800	15	10,500	10,000
6	21,000	22,450	16	22,000	27,000
7	20,000	22,500	17	34,000	38,000
8	18,500	31,000	18	11,000	15,500
9	25,000	23,100	19	32,000	40,500
10	13,000	3,000	20	24,000	32,000

試製作可觀察去年與今年的書籍費是否有差異的圖形。

■ 想法

本例題中去年的資料 20 個與今年的資料 20 個均由相同人物回答,因之形成配對。將此 2 組稱為有對應的 2 組樣本。檢定有對應的 2 組樣本中的平均

值之差,可以使用 2 組母平均之差的檢定。在此檢定中,雖然也可以使用 t 檢定,但與獨立的 2 組樣本之檢定所使用的 t 檢定,其計算方法是不同的。

■ 檢定的假設

本例題中想檢定之假設可如下表現。

虛無假設 H_0:$\mu_1 - \mu_2 = 0$
對立假設 H_0:$\mu_1 - \mu_2 \neq 0$

此處,μ_1 是去年書籍費的平均,μ_2 是今年書籍費的平均。

■ SPSS的解法

步驟 1　資料的輸入
與例題 6-4 的形式同樣地輸入。

步驟 2　t 檢定的選擇
從〔分析〕的清單中選擇〔比較平均數法〕–〔成對樣本 T 檢定〕。

出現如下的對話框。

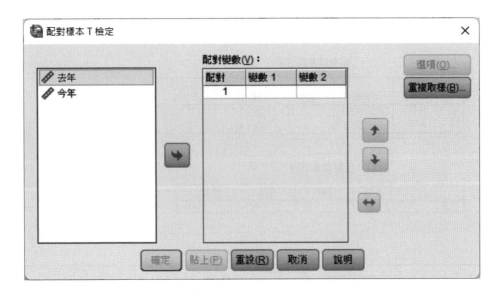

步驟 3 變數的選擇

於〔配對變數〕中選擇〔去年〕與〔今年〕。

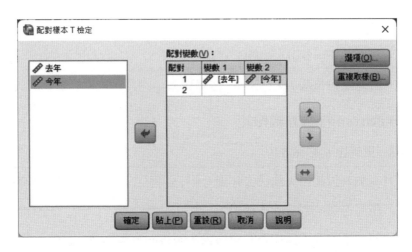

按一下〔確定〕，即可得出檢定的結果。

■ 有對應的t檢定之結果

T 檢定

成對樣本統計量

		平均數	個數	標準差	平均數的標準誤
成對1	去年	23050.0000	20	10889.2753	2434.9160
	今年	26462.5000	20	14662.4913	3278.6327

成對樣本相關

		個數	相關	顯著性
成對1	去年 和 今年	20	.935	.000

成對樣本檢定

		成對變數差異							
				平均數的	差異的95%信賴區間				
		平均數	標準差	標準誤	下界	上界	t	自由度	顯著性(雙尾)
成對1	去年 - 今年	-3412.5000	5927.0094	1325.3196	-6186.4258	-638.5742	-2.575	19	.019

■ 結果的看法

$$顯著機率 = 0.019 < 0.05$$

因之，否定虛無假設 H_0。亦即，今年與去年的書籍費可以說有差異。

6.2.3 Wilcoxon 符號等級檢定

例題 6-6（同例題 6-4、6-5）

利用意見調查對相同人物按去年與今年分成兩次進行如下的詢問。

（問）請回答您一個月的書籍費。（　　）元

將此回答結果整理即為如下的資料表。回答的人數是 20 人。

資料表

回答者	去年	今年		回答者	去年	今年
1	12,000	10,000		11	40,000	52,000
2	19,000	16,000		12	33,000	46,000
3	9,500	8,000		13	50,000	53,500
4	31,000	32,400		14	23,000	32,500
5	12,500	13,800		15	10,500	10,000
6	21,000	22,450		16	22,000	27,000
7	20,000	22,500		17	34,000	38,000
8	18,500	31,000		18	11,000	15,500
9	25,000	23,100		19	32,000	40,500
10	13,000	3,000		20	24,000	32,000

試製作可觀察去年與今年的書籍費是否有差異的圖形。

■ 想法

Wilcoxon 等級和檢定，是 2 組資料在完全分別亦即獨立蒐集的狀況下可以應用的手法。本例題的情形中，2 組的資料並非獨立，而是成對取得。此種時候，資料即為有對應，要應用 Wilcoxon 符號等級檢定。

■ 符號等級檢定

虛無假設與對立假設如下。

（雙邊假設時）

虛無假設 H_0：2 組的中心位置相同。

對立假設 H_1：2 組的中心位置不同。

（單邊假設時）

虛無假設 H_0：2 組的中心位置相同。

對立假設 H_1：1 組的中心位置偏右（左）。

Wilcoxon 符號等級檢定是先求出成對的差（去年與今年之差）d。

針對差的絕對值 $|d|$，由小的一方依序設定等級。又設定等級時，差 d 為 0 者可以忽略。

其次，分成 $d > 0$ 與 $d < 0$ 的兩群，並且針對 $d > 0$ 的群求出等級和 T_1，以及針對 $d < 0$ 的群求出等級和 T_2。

T_1 與 T_2 較少者設為 T，資料數（成對數）設為 n，檢定統計量 Z 即為如下。

$$Z = \frac{T - \dfrac{n(n+1)}{4}}{\sqrt{\dfrac{n(n+1)(2n+1)}{24}}}$$

顯著機率是利用檢定統計量 Z 服從標準常態分配求出。

■ SPSS的解法

步驟 1　資料的輸入。
與例題 6-4 的形式相同地輸入。

步驟 2　選擇無母數檢定
從〔分析〕的清單中選擇〔無母數檢定〕-〔舊式對話框〕-〔2 個相關樣本〕。

出現如下的對話框。

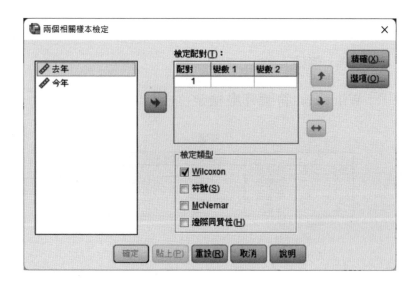

步驟 3　選擇變數與檢定方法

於〔檢定配對〕中選取〔去年〕與〔今年〕。

〔檢定類型〕選擇〔Wilcoxon〕。

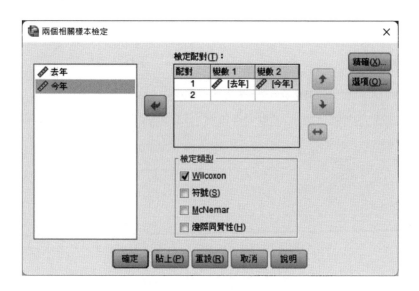

接著按一下〔確定〕，即可得出檢定結果。

■ Wilcoxon符號等級檢定的結果

NPar 檢定

Wilcoxon 符號等級檢定

等級

		個數	等級平均數	等級總和
今年 - 去年	負等級	6[a]	7.50	45.00
	正等級	14[b]	11.79	165.00
	等值結	0[c]		
	總和	20		

a. 今年 < 去年
b. 今年 > 去年
c. 去年 = 今年

檢定統計量[b]

	今年 - 去年
Z 檢定	-2.240[a]
漸近顯著性 (雙尾)	.025

a. 以負等級為基礎。
b. Wilcoxon 符號等級檢定

■ 結果的看法

顯著機率 = 0.025 < 顯著水準 0.05

因之，否定虛無假設。亦即，今年與去年的書籍費可以說有差異。

第 7 章
相關分析

本章內容

7.1 相關係數

7.1.1 量資料的相關係數

例題 7-1

利用意見調查詢問年齡與收入。整理回答結果即為以下的資料表。
回答者有 16 人。

資料表

回答者	年齡	收入
1	24	350
2	25	380
3	34	450
4	30	450
5	26	460
6	27	470
7	34	480
8	32	480
9	31	500
10	35	500
11	36	510
12	31	520
13	35	520
14	33	520
15	50	530
16	42	540

試分析年齡與收入之關係。

■ 相關分析的掌握

當有年齡與收入此種量資料（間隔尺度資料）時，隨著一方資料的變化，另一方資料也會發生變化，此種關係稱爲相關關係。將一方的資料當作 x，另一方的資料當作 y。此 x 增加 y 也增加的關係，稱爲正的相關關係；如 x 增加而 y 減少則稱爲負的相關關係；如看不出任一者的關係則稱爲無相關。

掌握此種相關關係，基本上使用兩種方法。

1. 利用散佈圖的視覺掌握。

2. 利用相關係數的數值掌握。

習慣上相關係數以 r 表示。相關係數 r 是在 -1 與 1 之間之值。r 之值如爲正，即表示有正的相關關係，愈接近 1，相關關係愈強。r 之值如爲負，即表示有負的相關關係，愈接近 -1，相關關係愈強。假如無相關時，r 之值接近 0。

■ SPSS的解法

步驟 1　資料的輸入

第一行輸入年齡的資料。

第二行輸入年收入的資料。

步驟 2 製作散佈圖

選擇清單的〔圖形〕-〔舊式對話框〕-〔散點圖點狀圖〕。

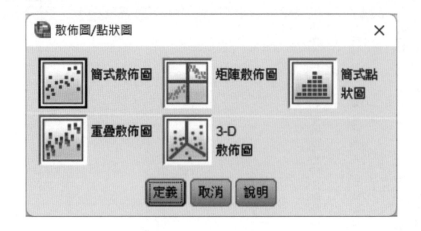

選擇〔簡式散佈圖〕，再按一下〔定義〕，即出現如下的對話框。

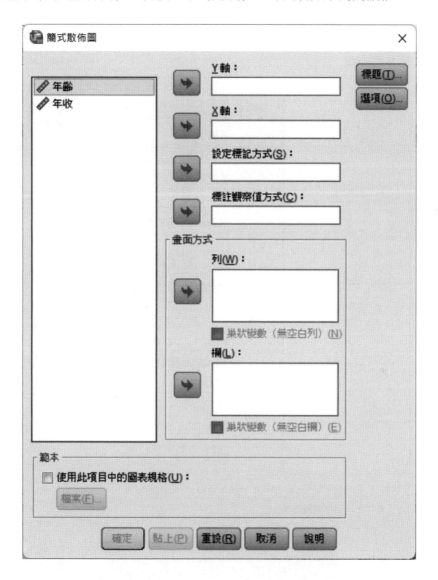

　散佈圖的規則是將結果系資料配置於縱軸（Y 軸），原因系資料則配置於橫軸（X 軸）。

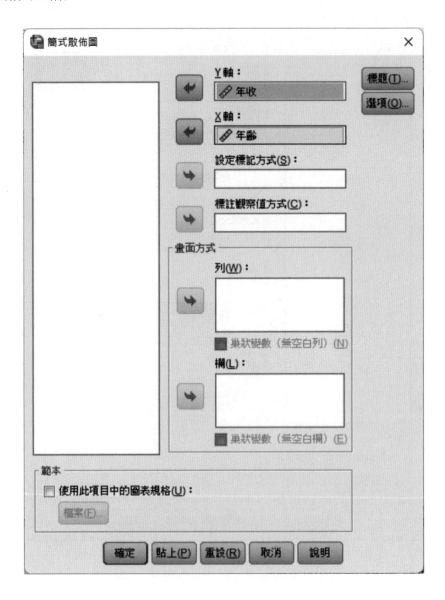

　　本例題是將縱軸當作〔年收〕，橫軸當作〔年齡〕，因之於〔Y軸〕取〔年收〕，於〔X軸〕取〔年齡〕。按一下〔確定〕，即作出散佈圖。

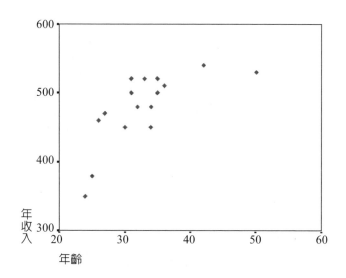

步驟3　相關係數的計算
　　選擇清單的〔分析〕－〔相關〕－〔雙變異數〕。

![SPSS 畫面]

出現如下的對話框。

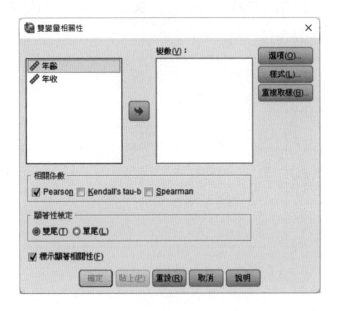

此處，於〔變數〕選擇〔年齡〕與〔年收入〕
相關係數則選擇〔Pearson〕。

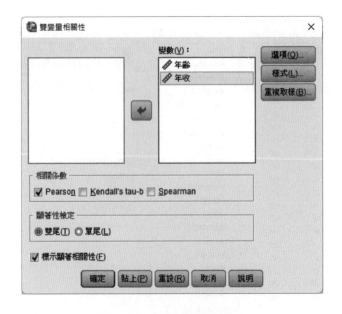

接著按一下〔確定〕，即可求出相關係數。

相關

		年齡	年收入
年齡	Pearson 相關	1.000	.719**
	顯著性 (雙尾)	.	.002
	個數	16	16
年收入	Pearson 相關	.719**	1.000
	顯著性 (雙尾)	.002	.
	個數	16	16

**. 在顯著水準為0.01時 (雙尾)，相關顯著。

■ 結果的看法

相關係數 = 0.719
顯著機率 = 0.002 < 0.05

因此，年收入與年齡可以說有正的相關。

 Tea Break

　在統計上，分析變數間的關係是屬於多變量分析（Multivariate analysis）的範疇，當然有許多分析方法探討變數間的關係，而相關分析（Correlation analysis）和迴歸分析（Regression analysis）是最常用的兩種。相關性（Correlation）可用來說明兩個或許多個變數間的相關程度；兩個變數間的相關程度稱為簡單相關（Simple correlation），而三個或三個以上變數間的相關程度則稱為複相關（Multiple correlation）；就兩個隨機變數而言，其間可能存在線性（Linear）與非線性（Nonlinear）的關係，而不論是線形或非線性的關係，均可分為正相關（Positive correlation）、負相關（Negative correlation）和無相關（No correlation）。對於一個迴歸模型，我們要從事的實證分析主要包括：參數估計（Parameter estimation）、統計推論（Statistical inference）及預測（Forecasting）等；在迴歸分析的討論中，兩個變數間的簡單線形迴歸模型是最基礎的討論，變數間的關係是由某個理論（如經濟理論、財務理論）所決定，加入誤差項後始成為迴歸模型，進而才能從事實證分析。

7.1.2 順序尺度資料的相關關係

例題 7-2

　某教育機關針對講習會的滿意度，以受講生 30 人為對象進行意見調查，詢問的內容如下。

　（問 1）講習會的內容與受講目的是否一致？（7 級評價）

1	2	3	4	5	6	7
完全一致			居中			完全一致

　（問 2）講習會的內容能理解到何種程度？（7 級評價）

1	2	3	4	5	6	7
完全無法理解			居中			完全理解

　（問 3）講習會的內容在實務上有幫助嗎？（7 級評價）

1	2	3	4	5	6	7
完全沒幫助			居中			非常有幫助

　（問 4）教育設備的使用情況覺得如何？（7 級評價）

1	2	3	4	5	6	7
完全不易使用			居中			非常容易使用

　（問 5）講課時間的長度覺得如何？（7 級評價）

1	2	3	4	5	6	7
過短			居中			過長

　（問 6）講習會整體的滿意度達到什麼程度？（7 級評價）

1	2	3	4	5	6	7
非常不滿			居中			非常滿意

累計這些詢問的回答結果作成一覽者即為下頁的資料表。
分析各詢問間之關係強度。

資料表

回答者	問 1	問 2	問 3	問 4	問 5	問 6
1	2	2	3	2	1	2
2	3	5	2	2	4	4
3	4	7	5	6	4	7
4	2	3	2	2	6	3
5	1	4	4	1	3	4
6	2	3	3	3	5	3
7	3	4	4	1	4	4
8	1	2	4	1	5	2
9	5	5	5	5	3	6
10	4	6	6	5	5	6
11	1	1	1	2	1	1
12	6	7	6	5	4	7
13	3	5	5	2	3	5
14	7	7	5	5	4	7
15	6	7	7	6	4	7
16	4	5	5	1	3	4
17	2	3	2	1	1	2
18	3	4	4	2	5	4
19	2	4	4	2	5	5
20	4	7	3	1	3	5
21	3	3	3	1	5	5
22	7	7	7	7	4	7
23	2	3	2	2	2	3
24	6	6	4	4	4	7
25	5	5	4	5	3	6
26	4	6	5	2	3	5
27	3	4	3	1	6	3
28	5	5	6	4	5	6
29	1	1	1	1	7	1
30	4	4	3	2	5	4

■ 順序尺度的解析

本例題中的資料是屬於順序尺度的資料。一般統計上解析順序尺度的資料時，可以考慮如下三種態度。

1. 照樣當作順序尺度的資料來解析。

2. 忽略順序資訊並當作名義尺度的資料來解析。

3. 假定（視爲）是等間隔並當作間隔尺度的資料來解析。

以解析順序尺度資料的態度來說，當然 1. 的作法是最好的。可是，解析順序尺度資料之手法與解析間隔尺度資料的手法相比，種類數少，解析結果也有變得複雜的傾向。因此，實務上以 3. 的作法，亦即將尺度間的間隔視爲等間隔，用與間隔尺度作法相同來解析的情形較多。這在理論上雖有問題，但實務上爲採取方便，故以此處理。

但是，本例題是 7 級評價的結果，因爲是 7 級評價因之可當作間隔尺度，並非因爲是 3 級評價，所以看成間隔尺度即不適切的單純看法。反而是資料的構成會受到影響。經濟上如果是 5 級以上時，即使視爲等間隔來解析可以說也會有甚大的不當。附帶一提，不存在中間回答的 4 級或 6 級之情形，不應視爲間隔尺度來解析的意見也有。

■ 想法

與例題 7-1 相同，以散佈圖及相關係數掌握關係的強度是基本所在。但爲順序尺度時，交叉累計表比散佈圖更有幫助，特別是觀察要注意的 2 個詢問間之關係時，不光是散佈圖，最好也要併用交叉表。

此例題全部有 6 個詢問，因之每 2 個的組合即出現 15 種。因此，要製作 15 個散佈圖，而此時最好製作散佈圖矩陣。

關於相關係數，如將資料看成間隔尺度時，與例題 7-1 一樣計算 Pearson 的相關係數即可。如受限於順序尺度時，最好計算順位相關係數。順位相關係數有 Spearman 的順位相關係數與 Kendall 的順位相關係數。SPSS 中可以簡單計算這些相關係數。

■ SPSS的解法

步驟 1　資料的輸入。

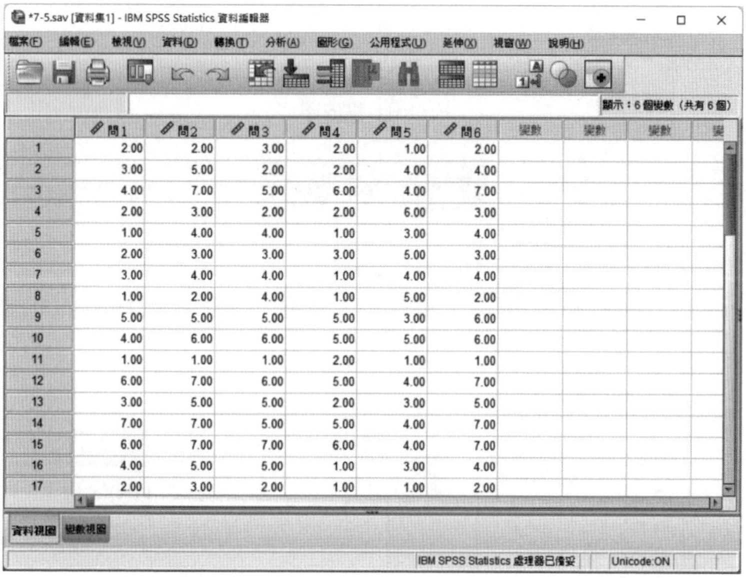

	問1	問2	問3	問4	問5	問6
1	2.00	2.00	3.00	2.00	1.00	2.00
2	3.00	5.00	2.00	2.00	4.00	4.00
3	4.00	7.00	5.00	6.00	4.00	7.00
4	2.00	3.00	2.00	2.00	6.00	3.00
5	1.00	4.00	4.00	1.00	3.00	4.00
6	2.00	3.00	3.00	3.00	5.00	3.00
7	3.00	4.00	4.00	1.00	4.00	4.00
8	1.00	2.00	4.00	1.00	5.00	2.00
9	5.00	5.00	5.00	5.00	3.00	6.00
10	4.00	6.00	6.00	5.00	5.00	6.00
11	1.00	1.00	1.00	2.00	1.00	1.00
12	6.00	7.00	6.00	5.00	4.00	7.00
13	3.00	5.00	5.00	2.00	3.00	5.00
14	7.00	7.00	5.00	5.00	4.00	7.00
15	6.00	7.00	7.00	6.00	4.00	7.00
16	4.00	5.00	5.00	1.00	3.00	4.00
17	2.00	3.00	2.00	1.00	1.00	2.00

步驟 2　製作散佈圖矩陣

選擇清單的〔圖形〕-〔舊式對話框〕-〔散點圖點狀圖〕。

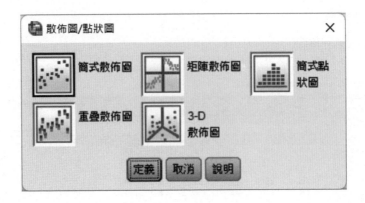

步驟 3 選擇〔矩陣散佈圖〕，按一下〔定義〕，即出現如下的對話框。

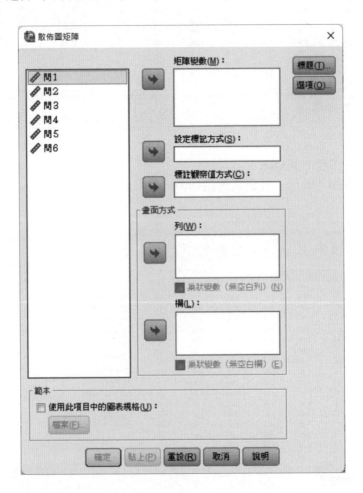

步驟 4　於〔矩陣變數〕中從〔問 1〕到〔問 6〕全部選擇。

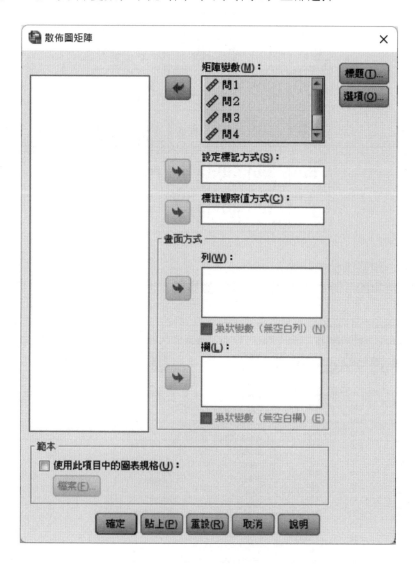

按一下〔確定〕即可製作散佈圖。
作出的散佈圖即為如下。

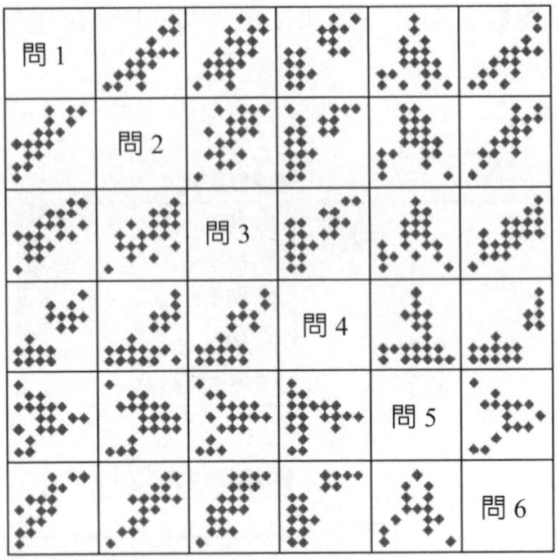

步驟 5　相關係數的計算

選擇清單的〔分析〕－〔相關〕－〔雙變異數〕。

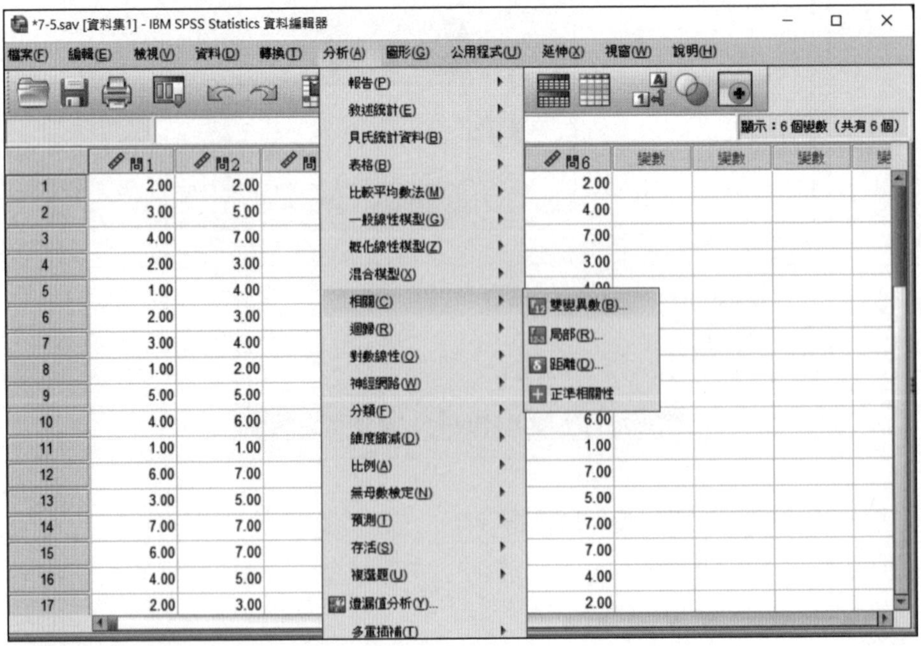

出現如下的對話框。

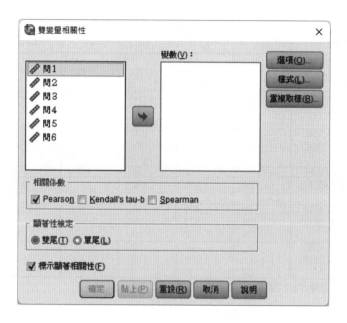

此處將〔變數〕中從〔問 1〕到〔問 6〕全部選擇。
〔相關係數〕中則選擇〔Perason〕、〔Kendall's tau-b〕、〔Spearman〕。

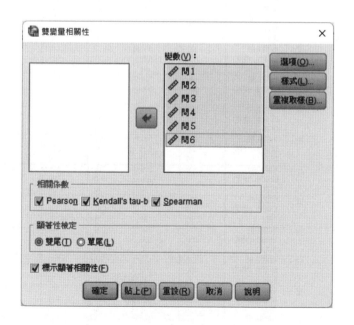

按一下〔確定〕，即可計算出相關係數。

相關

		問1	問2	問3	問4	問5	問6
問1	Pearson 相關	1.000	.850**	.720**	.771**	.033	.877**
	顯著性 (雙尾)	.	.000	.000	.000	.863	.000
	個數	30	30	30	30	30	30
問2	Pearson 相關	.850**	1.000	.728**	.662**	.006	.909**
	顯著性 (雙尾)	.000	.	.000	.000	.973	.000
	個數	30	30	30	30	30	30
問3	Pearson 相關	.720**	.728**	1.000	.651**	.101	.820**
	顯著性 (雙尾)	.000	.000	.	.000	.594	.000
	個數	30	30	30	30	30	30
問4	Pearson 相關	.771**	.662**	.651**	1.000	.018	.771**
	顯著性 (雙尾)	.000	.000	.000	.	.926	.000
	個數	30	30	30	30	30	30
問5	Pearson 相關	.033	.006	.101	.018	1.000	.094
	顯著性 (雙尾)	.863	.973	.594	.926	.	.621
	個數	30	30	30	30	30	30
問6	Pearson 相關	.877**	.909**	.820**	.771**	.094	1.000
	顯著性 (雙尾)	.000	.000	.000	.000	.621	.
	個數	30	30	30	30	30	30

**. 在顯著水準為0.01時 (雙尾)，相關顯著。

			問1	問2	問3	問4	問5	問6
Kendall's tau_b統計量數	問1	相關系數	1.000	.769**	.598**	.546**	-.030	.796**
		顯著性 (雙尾)	.	.000	.000	.000	.837	.000
		個數	30	30	30	30	30	30
	問2	相關系數	.769**	1.000	.610**	.514**	-.082	.822**
		顯著性 (雙尾)	.000	.	.000	.001	.575	.000
		個數	30	30	30	30	30	30
	問3	相關系數	.598**	.610**	1.000	.449**	.033	.703**
		顯著性 (雙尾)	.000	.000	.	.003	.822	.000
		個數	30	30	30	30	30	30
	問4	相關系數	.546**	.514**	.449**	1.000	-.032	.597**
		顯著性 (雙尾)	.000	.001	.003	.	.834	.000
		個數	30	30	30	30	30	30
	問5	相關系數	-.030	-.082	.033	-.032	1.000	.005
		顯著性 (雙尾)	.837	.575	.822	.834	.	.970
		個數	30	30	30	30	30	30
	問6	相關系數	.796**	.822**	.703**	.597**	.005	1.000
		顯著性 (雙尾)	.000	.000	.000	.000	.970	.
		個數	30	30	30	30	30	30
Spearman's rho係數	問1	相關系數	1.000	.872**	.714**	.676**	-.033	.884**
		顯著性 (雙尾)	.	.000	.000	.000	.861	.000
		個數	30	30	30	30	30	30
	問2	相關系數	.872**	1.000	.709**	.605**	-.103	.899**
		顯著性 (雙尾)	.000	.	.000	.000	.587	.000
		個數	30	30	30	30	30	30
	問3	相關系數	.714**	.709**	1.000	.548**	.048	.813**
		顯著性 (雙尾)	.000	.000	.	.002	.803	.000
		個數	30	30	30	30	30	30
	問4	相關系數	.676**	.605**	.548**	1.000	-.021	.723**
		顯著性 (雙尾)	.000	.000	.002	.	.912	.000
		個數	30	30	30	30	30	30
	問5	相關系數	-.033	-.103	.048	-.021	1.000	.006
		顯著性 (雙尾)	.861	.587	.803	.912	.	.976
		個數	30	30	30	30	30	30
	問6	相關系數	.884**	.899**	.813**	.723**	.006	1.000
		顯著性 (雙尾)	.000	.000	.000	.000	.976	
		個數	30	30	30	30	30	30

■ 結果的看法

一般相關係數、Kendall 的順位相關係數、Spearman 的順位相關係數均有相同的傾向。除問 5 以外，任一詢問均相互有相關。問 5 與任一詢問均無相關。

此處，試以問 5 來考察看看。問 5 是講課時間過長、過短均不喜歡，中間的 4 是最好的狀態。因此，譬如與問 6 的散佈圖即為如下。

圖形

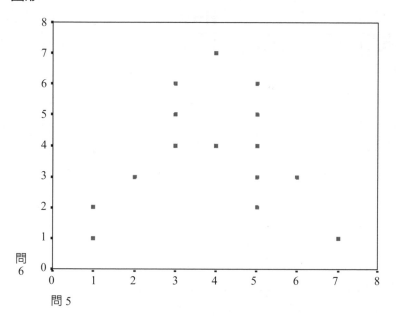

問 5 與問 6 之間可以看出有二次的曲線關係。此種時候，即使關係強，相關係數之值也接近 0，因之需要注意。

 Tea Break

　　兩變數間有相關，不一定意謂有線性相關，也可能是曲線相關；如兩變數無相關，也不一定意謂無線性相關，也可能是曲線相關。

7.2 順位資料的解析

7.2.1 順位資料的圖形表現

例題 7-3

　　準備 6 種啤酒（A、B、C、D、E、F），讓 10 位評價者按美味的順序排列。結果即爲如下的資料表。

資料表

回答者	A	B	C	D	E	F
P1	1	4	5	2	6	3
P2	2	3	6	1	5	4
P3	2	3	6	1	4	5
P4	2	3	6	1	4	5
P5	2	5	4	1	3	6
P6	1	3	6	2	4	5
P7	2	6	3	1	5	4
P8	1	4	5	2	3	6
P9	2	4	5	1	6	3
P10	3	5	4	1	2	6

　　爲了觀察哪一啤酒較受到喜歡，試作圖看看。

■ 堆疊圖

　　順位資料是按評價對象（事例是啤酒）從第 1 位到第 10 位的人數予以累計，將結果以圖形表現是基本作法。此時，堆疊圖是有效的。

■ SPSS的解法

步驟 1　資料的輸入

　　將列配置回答者，行配置評價對象，輸入順位。

7-4.sav [資料集1] - IBM SPSS Statistics 資料編輯器							— □ ×

檔案(F)　編輯(E)　檢視(V)　資料(D)　轉換(T)　分析(A)　圖形(G)　公用程式(U)　延伸(X)　視窗(W)　說明(H)

顯示：6 個變數 (共有 6 個)

	A	B	C	D	E	F	變數	變數	變數	變
1	1.00	4.00	5.00	2.00	6.00	3.00				
2	2.00	3.00	6.00	1.00	5.00	4.00				
3	2.00	3.00	6.00	1.00	4.00	5.00				
4	2.00	3.00	6.00	1.00	4.00	5.00				
5	2.00	5.00	4.00	1.00	3.00	6.00				
6	1.00	3.00	6.00	2.00	4.00	5.00				
7	2.00	6.00	3.00	1.00	5.00	4.00				
8	1.00	4.00	5.00	2.00	3.00	6.00				
9	2.00	4.00	5.00	1.00	6.00	3.00				
10	3.00	5.00	4.00	1.00	2.00	6.00				
11										
12										

資料視圖　變數視圖

IBM SPSS Statistics 處理器已備妥　　Unicode:ON

步驟 2　資料的儲存
　　將上記的資料暫時存檔。事實上照如此資料形式無法製作所希望的堆疊圖，所以才需要變更。

步驟 3　資料的編輯
　　將上述的資料加以編輯，如下變更資料的形式。
　　（變更的形象）

A	B	C
1	2	3
2	3	1
1	2	3

評價對象	順位
A	1
A	2
A	1
B	2
B	3
B	2
C	3
C	1
C	3

編輯資料後，變更成將評價對象與順位輸入於兩行的形式。

	評價對象	順位	變數	變數	變數	變數	變數	變數	變數	變數
1	1	1								
2	1	2								
3	1	2								
4	1	2								
5	1	2								
6	1	1								
7	1	2								
8	1	1								
9	1	2								
10	1	3								
11	2	4								
12	2	3								

步驟 4　交叉累計

以「評價對象」與「順位」進行交叉累計，即可作出如下的累計表與堆疊圖。

順位＊評價對象 交叉表

個數

		評價對象						總和
		A	B	C	D	E	F	
順位	1	3			6	1		10
	2	6			3	1		10
	3	1	4	1		2	2	10
	4		3	2		3	2	10
	5		2	3		2	3	10
	6		1	4		2	3	10
總和		10	10	10	9	11	10	60

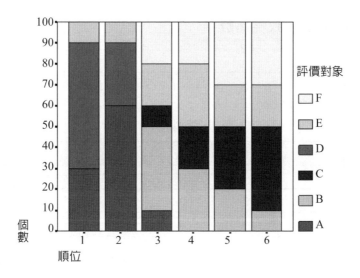

（參考）關於資料形式的變更

　從 SPSS 第 11 版之後，如下的資料形式均容易變更。

A	B	C
1	6	11
2	7	12
3	8	13

ID	Z	DATA
1	A	1
2	A	2
3	A	3
1	B	6
2	B	7
3	B	8
1	C	11
2	C	12
3	C	13

7.2.2 Kendall 的一致性係數

例題 7-4（同例題 7-3）

準備 6 種啤酒（A、B、C、D、E、F），讓 10 位評價者按美味的順序排列。結果即為如下的資料表。

資料表

回答者	A	B	C	D	E	F
P1	1	4	5	2	6	3
P2	2	3	6	1	5	4
P3	2	3	6	1	4	5
P4	2	3	6	1	4	5
P5	2	5	4	1	3	6
P6	1	3	6	2	4	5
P7	2	6	3	1	5	4
P8	1	4	5	2	3	6
P9	2	4	5	1	6	3
P10	3	5	4	1	2	6

10 人的評價能否說一致，試檢討看看。

■ 想法

欲觀察 2 人的順位排序是否一致，此時用相關係數是有效的。

可是，本例題的問題是 10 人全體的順位排序。欲觀察 3 人以上的順位排序方式是否一致時，可以使用 Kendall 的一致性係數。

■ Kendall的一致性係數

今有 m 人的評價者對 n 個對象物排列順位時，以觀察評價者的順位排序有無一致性的指示來說，有 Kendall 的一致性係數。

將評價者之對象物所排列的順位設為 R_{ij} 時，可以使用下列求出。

$$W = \frac{12\sum_{j=1}^{m}\left(\sum_{i=1}^{n}R_{ij}\right)^2}{m^2 n(n^2-1)} - \frac{3(n+1)}{n-1}$$

　　$0 \leq W \leq 1$，當 W = 0 時，順位完全不一致，愈接近 1，一致的程度愈佳，W=1 時，順位完全一致。

■ 關於一致性係數的檢定

　　使用 Kendall 的一致性係數，可以檢定如下的假設。

　　　　　　虛無假設：評價者的順位排序方式沒有規則性
　　　　　　對立假設：評價者的順位排序方式一致。

　　檢定統計量是以如下求之：

$$\chi^2 = m(n - 1)W$$

　　檢定的顯著機率是利用 χ^2 值在虛無假設之下服從自由度 n − 1 的分配來求出。

Tea Break

三大統計相關係數：Pearson、Spearman 相關係數、kendall 等級相關係數
　　Kendall（肯德爾）相關係數是一個用來測量兩個隨機變數相關性的統計值。一個肯德爾檢驗是一個無引數假設檢驗，它使用計算而得的相關係數去檢驗兩個隨機變數的統計依賴性。肯德爾相關係數的取值範圍在 -1 到 1 之間，當 τ 為 1 時，表示兩個隨機變數擁有一致的等級相關性；當 τ 為 -1 時，表示兩個隨機變數擁有完全相反的等級相關性；當 τ 為 0 時，表示兩個隨機變數是相互獨立的。Spearman（斯皮爾曼）等級相關係數用來估計兩個變數 X、Y 之間的相關性，其中變數間的相關性可以使用單調函式來描述。如果兩個變數取值的兩個集合中均不存在相同的兩個元素，那麼，當其中一個變數可以表示為另一個變數很好的單調函式時（即兩個變數的變化趨勢相同），兩個變數之間的 ρ 可以達到 +1 或 -1。Pearson（皮爾遜）相關也稱為積差相關（或積矩相關）是英國統計學家皮爾遜於 20 世紀提出的一種計算直線相關的方法。

■ SPSS的解法

步驟 1　資料的輸入
　　與例題 7-3 相同。

步驟 2　選擇無母數檢定
　　從〔分析〕的清單中選擇〔無母數檢定〕–〔舊式對話框〕–〔K 組相關樣本〕。

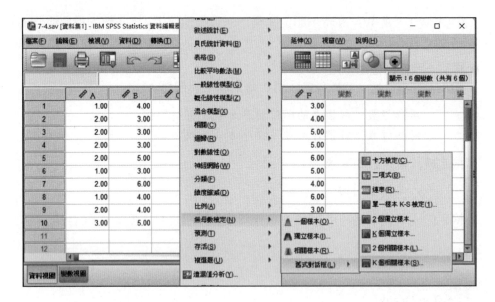

出現如下的對話框。

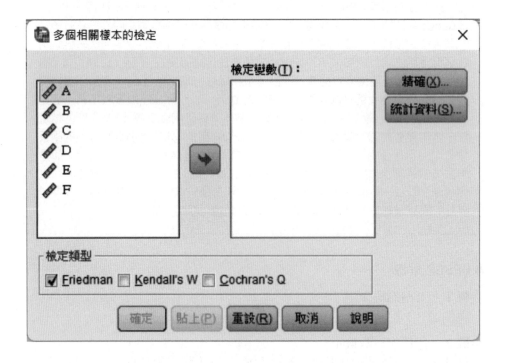

〔檢定變數〕是選擇從〔A〕到〔F〕的全部。

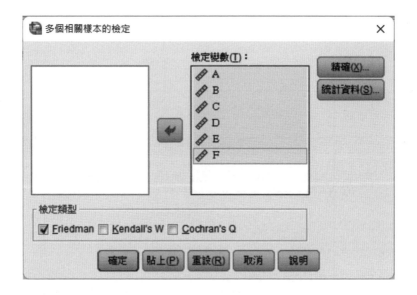

步驟 3 選擇檢定方法
　〔檢定類型〕選擇〔Kendall's W〕
　按下〔確定〕，即可得到一致性係數 W。

Kendall's W 檢定

等級

	等級平均數
A	1.80
B	4.00
C	5.00
D	1.30
E	4.20
F	4.70

檢定統計量

個數	10
Kendall's W 檢定a	.695
卡方	34.743
自由度	5
漸近顯著性	.000

a. Kendall 和諧係數

■ 結果的看法
　Kendall 的一致性係數 W 與顯著機率即為如下：

　　　W = 0.695
　　　顯著機率 = 0.000 < 顯著機率 0.005

因此，評價者的順位排序可以說有一致性。

又，順位排序有一致性，意味啤酒的美味有差異。

（參考）利用主成分分析的順位資料加以視覺化

如使用主成分分析時，即可作出如下的回答者與啤酒的佈置圖。

成分圖

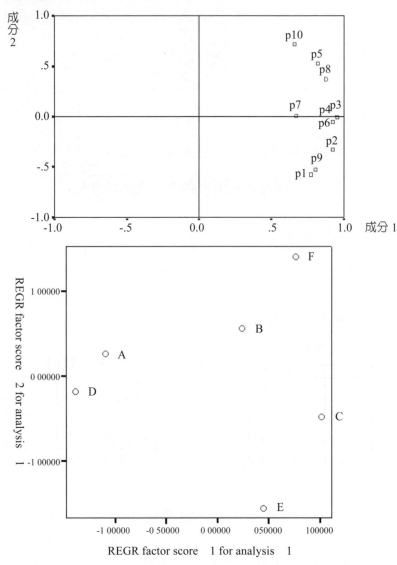

（註）統計圖→互動式散佈圖

依…標記觀察值→啤酒

於 X 軸輸入〔fac-1〕

於 Y 軸輸入〔fac-2〕

第 8 章
對應分析

本章內容

8.1 對應分析

8.1.1 何謂對應分析

所謂對應分析是將沒有外部基準的質性資料進行數量化的一種手法，在尋找顯示相似反應者的時候是一有效的手法。表示 2 個變數間之關聯時，使用稱為**對應分析**（Correspondence analysis），表示 2 個以上的關聯時，使用稱為**等質性分析**（多重對應分析；HOMALS）之手法。這是將質性資料的關聯圖式化的方法。

又，為了以 SPSS 進行對應分析，需要有 SPSS categories 選項。

8.1.2 對大學生授課的意識調查

例題 8-1

對於 4 種授課（A、B、C、D）的興趣來說，使用**沒興趣、沒意見、有興趣** 3 種選擇，對大學生 50 名進行調查。數據如下。

將授課 1 表 A、2 表 B、3 表 C、4 表 D，興趣是 1 表示無興趣，2 表示沒意見，3 表示有興趣，人數是指針對各授課選擇各個選項的人數。由於與以往資料輸入的方法不同，所以需要注意。

授課	興趣	人數
1	1	5
2	1	10
3	1	2
4	1	20
1	2	35
2	2	20
3	2	43
4	2	10
1	3	10
2	3	20
3	3	5
4	3	20

■ 資料類型的指定與輸入

　1. 打開 SPSS 編輯器的〔變數檢視〕。

　　·第 1 個變數的名稱輸入授課，第 2 個輸入興趣，第 3 個輸入人數。

　　·受驗者的類型當成字串。

　　·授課的標籤：1 指定 A，2 是 B，3 是 C，4 是 D。

　　·興趣的標籤：1 指定無興趣，2 是沒意見，3 是有興趣。

　2. 打開〔資料檢視〕，輸入資料。

■ 資料的加權

　1. 選擇〔資料〕−〔觀察值的加權〕。

　2. 勾選〔依據觀察值加權〕，於〔次數變數〕指定〔人數〕。

　3. 按〔確定〕。

■ SPSS的解法

步驟 1　選擇〔分析〕清單−〔維度縮減〕−〔對應分析〕。

步驟 2　於〔列〕指定〔興趣〕。

　於〔範圍定義〕中，將〔最小值〕指定為〔1〕，〔最大值〕指定為〔3〕。

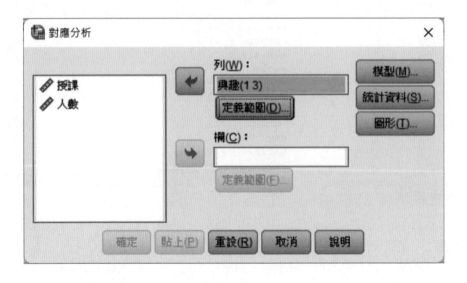

步驟 3 按一下〔更新〕，接著按下〔繼續〕，即為如下。

步驟 4 於〔欄〕中輸入〔授課〕，於〔範圍定義〕中，將〔最小值〕指定為〔1〕，〔最大值〕指定為〔4〕。按一下〔更新〕，再按下〔繼續〕，即為如下。

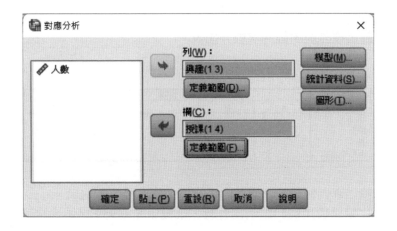

步驟 5 按一下右方〔圖形〕。如下勾選〔雙軸圖〕、〔列點數〕、〔欄點
數〕，按下〔繼續〕再按〔確定〕。

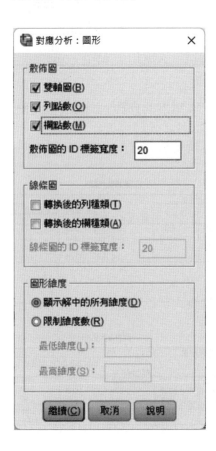

■ 輸出的看法

首先，輸出授課與興趣的次數分配表。

對應表

興趣	授課				
	A	B	C	D	使用中邊緣
無	5	10	2	20	37
皆可	35	20	43	10	108
有	10	20	5	20	55
使用中邊緣	50	50	50	50	200

其次，輸出奇異值等。奇異值的平方即為概化變異數之值。

觀察概化變異數比例的說明內容時，維度 1 是 0.959 之值，意謂以維度 1 說明整個數據的 95.9%。

摘要

維度	奇異值	概化變異數	卡方	顯著性	概化變異數的比例		信賴奇異值	相關
					計算	累積	標準差	2
1	.522	.273			.959	.959	.056	.134
2	.107	.012			.041	1.000	.081	
總和		.284	56.832	.000ᵃ	1.000	1.000		

a. 6 自由度

輸出橫列點的摘要。「維度的分數」即為各個反應的維度 1、維度 2 的位置。

利用此值，可以將各個反應表現在平面上。

概觀橫列點ᵃ

興趣	量	維度的分數		概化變異數	貢獻				
		1	2		點對維度的概化變異數		維度對點的概化變異數		
					1	2	1	2	總和
無	.185	.995	-.519	.101	.351	.464	.947	.053	1.000
皆可	.540	-.657	-.052	.122	.446	.014	.999	.001	1.000
有	.275	.621	.451	.061	.203	.522	.902	.098	1.000
使用中總和	1.000			.284	1.000	1.000			

a. 對稱常態化

同樣輸入直行點的摘要。可以知道各授課在平面上位於何處。

概觀直行點ᵃ

授課	量	維度的分數		概化變異數	貢獻				
		1	2		點對維度的概化變異數		維度對點的概化變異數		
					1	2	1	2	總和
A	.250	-.452	.018	.027	.098	.001	1.000	.000	1.000
B	.250	.353	.521	.024	.060	.632	.691	.309	1.000
C	.250	-.887	-.190	.104	.377	.084	.991	.009	1.000
D	.250	.986	-.349	.130	.466	.284	.975	.025	1.000
使用中總和	1.000			.284	1.000	1.000			

a. 對稱常態化

以下為出現橫列點與直行點在各個平面上所表示的圖。

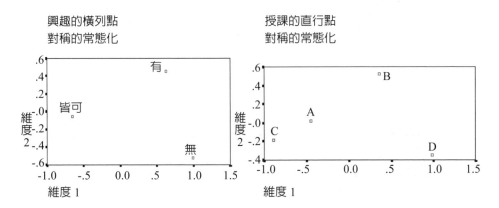

興趣的橫列點
對稱的常態化

授課的直行點
對稱的常態化

下方為出現橫列點與直行點在一個平面上所表示的圖（稱為行列散佈圖），可知：

授課 B 位於有興趣的附近。

授課 D 位於無興趣的附近。

授課 A 與 C 位於沒意見的附近。

因此，從調查對象的大學生中，可以推測最感興趣的授課是 B，最不感興趣的授課是 D。

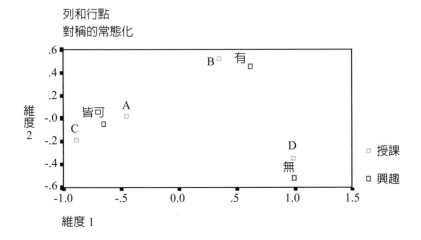

列和行點
對稱的常態化

8.2 多重回應分析

8.2.1 大學生的菸酒習慣與交通事故的關聯性

例題 8-2

　　想分析 2 個以上的質性資料之關係時，可使用多重對應分析（Multiple correspondence analysis）。對 20 名大學生，以「是」與「不是」要求回答「過去一年間有碰到交通事故的經驗嗎？」、「過去一年間有被周遭的人注意嗎？」、「此一週內有飲酒嗎？」、「平常有抽菸嗎？」等問題。

　　調查結果數據如下，並且將「是」當作 2，「不是」當作 1 來進行數值化。

NO	事故	注意	飲酒	抽菸
1	2	2	1	1
2	2	1	1	1
3	2	2	2	1
4	1	1	1	1
5	1	1	1	1
6	1	2	2	2
7	2	1	2	2
8	2	2	1	1
9	2	2	1	1
10	1	1	2	2
11	1	1	2	1
12	1	1	1	2
13	1	1	1	1
14	1	1	1	1
15	1	1	2	1
16	2	1	1	1
17	2	1	2	2
18	2	2	2	1
19	1	2	1	1
20		2	1	1

■ 資料類型的指定與輸入
　1.開啓 SPSS 編輯器的〔變數檢視〕。
　　·第1個變數的名稱輸入 NO，第2個輸入事故，第3個輸入注意，第4個輸入飲酒，第5個輸入抽菸。
　　·以事故的標籤來說，指定1無事故，2有事故。
　　·以注意的標籤來說，指定1無注意，2有注意。
　　·以喝酒的標籤來說，指定1無飲酒，2有喝酒。
　　·以抽菸的標籤來說，指定1無抽菸，2有抽菸。
　2.打開〔資料檢視〕，輸入資料。

■ 等質性分析的執行

步驟 1　　開啓〔分析〕清單－〔維度縮減〕－〔最適尺度〕。

步驟 2　　如下圖於〔最佳調整層次〕指定〔所有變數均為多重名義變數〕，於〔變數集數〕指定〔一組〕，接著按一下〔定義〕。

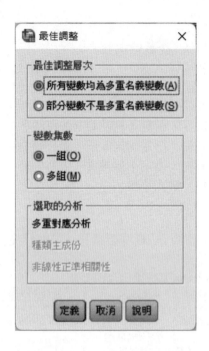

步驟 3 於〔分析變數〕的方框內,指定〔事故〕、〔注意〕、〔飲酒〕、〔抽菸〕,接著按一下〔定義變數加權〕。

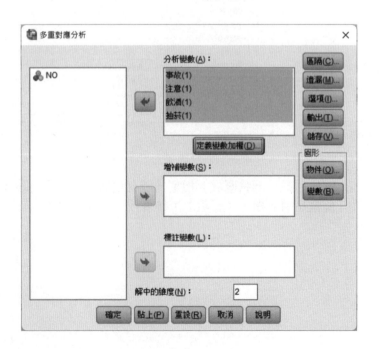

步驟 4　如下出現〔定義變數加權〕對話框，於〔變數加權〕輸入〔2〕，按一下〔繼續〕。

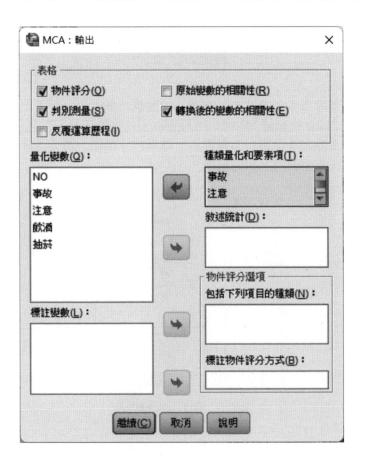

步驟 5　回到原畫面，按一下〔輸出〕。如圖勾選〔物件評分〕、〔判別測量〕、〔轉換後的變數的相關性〕。於〔種類量化和要素項〕中輸入〔事故〕、〔注意〕、〔飲酒〕、〔抽菸〕，接著按〔繼續〕。

步驟 6 回到原畫面,於右方〔圖形〕中點選〔物件〕,接著出現物件圖畫面,勾選〔物件點數〕,〔標註方式〕點選〔觀察值數目〕,再按〔繼續〕。

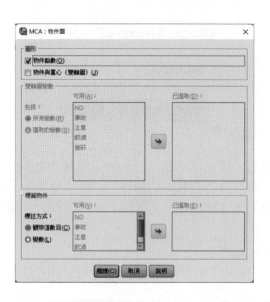

步驟 7 回到原畫面,於右方〔圖形〕中點選〔變數〕,接著出現如下圖,於〔聯合種類圖〕中輸入所有變數,〔判別測量〕勾選〔顯示圖形〕以及點選〔使用所有變數〕,此處按〔繼續〕再按〔確定〕,即可輸出多重對應分析的結果。

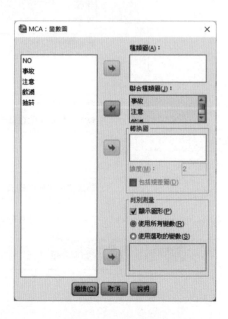

■ 結果的看法

　　首先，輸出各變數的次數、反覆的記述、特徵值等。其次，再輸出各變數的數量化之結果（下圖）。

事故

	邊際次數	類別變數的量化	
		維度	
		1	2
無	11	.525	-.587
有	9	-.642	.717
遺漏值	0		

注意

	邊際次數	類別變數的量化	
		維度	
		1	2
無	12	.609	-.363
有	8	-.914	.545
遺漏值	0		

喝酒

	邊際次數	類別變數的量化	
		維度	
		1	2
無	12	-.406	-.583
有	8	.608	.874
遺漏值	0		

抽煙

	邊際次數	類別變數的量化	
		維度	
		1	2
無	15	-.405	-.292
有	5	1.215	.875
遺漏值	0		

　　利用 2 個維度的數值，可以將各變數圖示在平面上。

　　輸出有依據 2 個維度的數值將各變數繪製在平面上的圖，由圖可知有事故的經驗與有受到注意的經驗皆聚集在左上，有飲酒經驗與有抽菸經驗則聚集在右上。

【數量化的散佈圖】

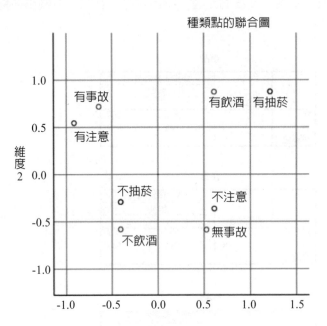

此外也輸出有顯示各人是位在哪一個位置的圖。

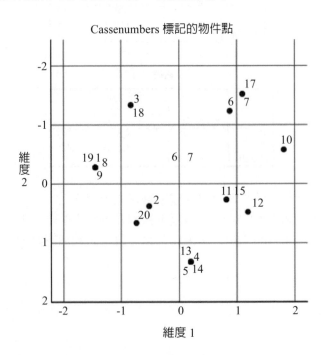

第 9 章
路徑分析

本章内容

9.1 研究的背景與使用的數據

小時候曾聽過有「刮大風木桶店就會賺錢」的話題。

此話題在探討現實中有可能性的因果關係鏈，此點雖然是很有趣的，但某原因產生某結果，而此結果又成為另一個事物的原因，從研究的角度來看，探討此種因果關係鏈的情形也很多。

本章想分析此種因果關係鏈看看。

此研究是探討如下的假設：

完美主義會讓鬱悶或生氣的感情發生。

■ 追求完美主義個性的人，為了想要完美，在日常各種事情之中，比不是如此的人，具有較容易感受到鬱悶或生氣此種感情的傾向。

而鬱悶或生氣常是攻擊行動的原因。

■ 在日常生活中具有生氣與鬱悶之感情，是造成對他人產生攻擊行為的導火線。

此內容是以「完美主義→鬱悶或生氣→攻擊」三階段的因果鏈所構成。試以 Amos 分析探討此因果關係鏈看看。

Tea Break

當您進行研究時，您很可能已在分析工作中使用因子分析與迴歸分析結構方程模型（有時稱為路徑分析），來幫助您獲得因果模型中額外的見解，並探討變數之間的交互效果與路徑，不論資料是否符合您的假設，SEM 可以讓您進行更嚴謹地檢定並幫助建立更精確的模型——獲得與眾不同的研究成果與提高論文發表的機會。

使用的數據假想如下（假想數據），數據檔參 9-1.sav。

NO	完美主義	鬱悶	生氣	攻擊
1	2	1	1	1
2	3	3	4	2
3	3	2	3	3
4	3	1	1	1
5	4	4	2	3
6	2	4	2	3
7	4	3	2	2
8	2	5	3	3
9	2	3	2	2
10	3	3	2	2
11	2	4	4	4
12	1	2	1	1
13	2	2	4	5
14	3	3	2	2
15	3	2	1	2
16	2	2	3	1
17	4	1	1	1
18	1	2	3	1
19	1	2	1	1
20	3	2	2	2
21	5	5	4	3
22	3	3	3	3
23	3	3	3	3
24	3	4	3	3
25	4	4	2	1
26	4	4	4	4
27	3	4	4	2
28	2	2	1	1
29	1	1	1	2
30	2	2	1	2
31	3	1	3	2
32	1	3	4	5
33	3	3	2	1
34	4	4	4	2
35	3	2	1	2
36	2	2	1	1
37	2	2	1	3
38	1	2	4	3
39	4	5	5	4
40	1	1	3	3
41	1	2	1	2
42	2	4	2	1
43	3	2	3	4
44	2	3	3	2
45	3	3	2	2
46	5	3	4	5
47	3	3	3	3
48	2	2	2	2
49	2	1	4	4
50	3	3	3	3
51	1	2	1	2
52	1	1	1	2
53	5	5	4	3
54	4	4	2	3
55	3	3	3	3
56	4	5	5	4
57	3	4	3	3
58	1	2	1	2
59	3	3	2	2
60	4	4	2	3

9.2 畫路徑圖—畫因果關係鏈

9.2.1 資料的輸入與讀取

使用前面所學過的方法輸入資料，再以 Amos 讀取資料看看。

使用 SPSS、Excel、Textfile 中的任一方法輸入資料均無關係（此處是使用 SPSS 的檔案，9-1.sav）。

如〔Data file〕的樣本數〔N〕顯示〔60/60〕時，即為已讀取 60 名的資料。

9.2.2 頁面佈置的設定

此次是畫橫向的路徑圖，因之需將頁面的方向改成〔Landscape〕。

步驟 1 選擇〔View〕-〔Interface properties〕。

步驟 2 將〔Page layout〕Tab 的〔Paper size〕改成〔Landscape-letter〕，再按一下〔Apply〕。

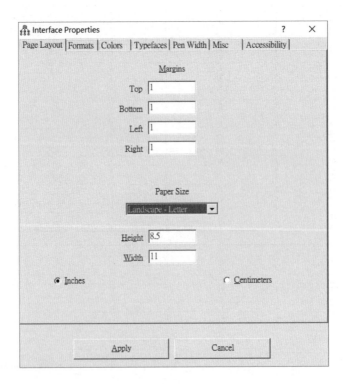

9.2.3 畫觀測變數

步驟 1　畫出如下的 4 個四方形。

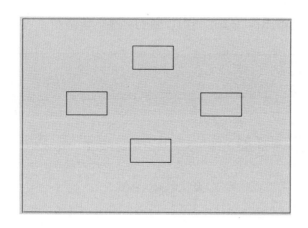

步驟 2　指定變數。

按一下〔List variables in dataset〕圖像（　　），或者從工具列選擇〔View〕－〔Variables in dataset〕。

將〔完美主義〕指定在最左側的四方形中，將〔鬱悶〕與〔生氣〕指定在中央的兩個四方形中，將〔攻擊〕指定在最右側的四方形中。

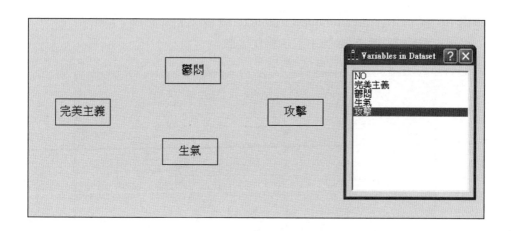

9.2.4 畫單向箭頭

步驟 1　按一下〔Draw path（single headed arrows）〕圖像（←），畫出
　　　　　如下的路徑。
　　　　　此外也畫出從完美主義對攻擊的直接影響路徑。

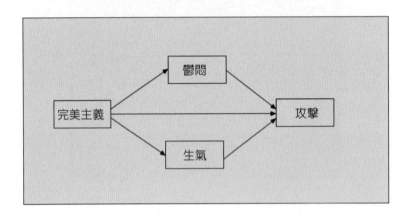

9.2.5 畫出誤差變數

■ 追加誤差變數
　在內生變數（受其他變數影響的變數）的鬱悶、生氣、攻擊中，也畫出來
自誤差的影響。

步驟 1　按一下〔Add a unique variable to an existing variable〕圖像（⚇），
　　　　　然後在各自的變數中追加誤差變數。

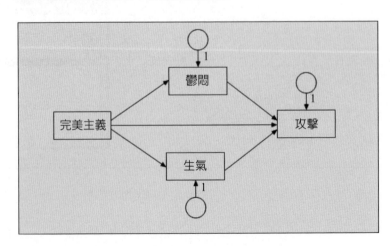

■ 對誤差變數取名

步驟 2　選擇〔Plugins〕─〔Name unobserved variables〕。

HINT：如開啓〔Object properties〕直接輸入變數名也行，但當誤差個數
　　　變多時，以此作法較爲方便。

HINT：Unobserved variables 是指未能被觀測的變數，包括潛在變數與誤
　　　差變數。

　如下圖可見 e1,e2,e3 等誤差變數即被自動取名。

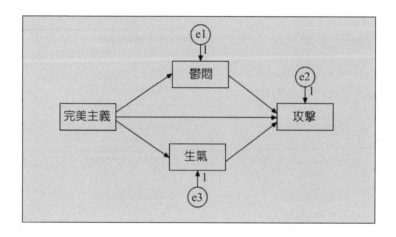

■ 畫出誤差間的相關

　鬱悶與生氣均有感情的共同要素。因此，除完美主義的影響外，其他要素
之間（誤差）也可以認爲有某種關聯。

步驟 3　因此，在 e1 與 e3 之間畫出共變異數（有相關、雙向箭線），如此
　　　路徑圖即完成。

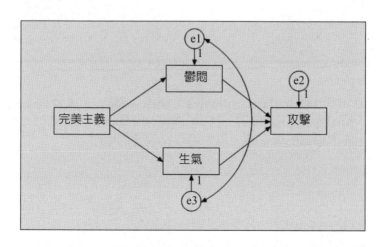

9.2.6 分析的指定與執行

進行分析及輸出的指定。

步驟 1　按一下〔Analysis properties〕圖像（▥），或者從工具列選擇
　　　　〔View〕-〔Analysis properties〕。
　　　　點選〔Output〕Tab。
　　　　勾選〔Standardized estimates〕、〔Squared multiple correlations〕
　　　　之外，也勾選〔Indirect, direct & total effects〕。

| Estimation | Numerical | Bias | Output | Bootstrap | Permutations | Random # | Title |

☑ Minimization history　　　　　　☑ Indirect, direct & total effects

☑ Standardized estimates　　　　　☐ Factor score weights

☑ Squared multiple correlations　　☐ Covariances of estimates

☐ Sample moments　　　　　　　　☐ Correlations of estimates

☐ Implied moments　　　　　　　　☐ Critical ratios for differences

☐ All implied moments　　　　　　☐ Tests for normality and outliers

☐ Residual moments　　　　　　　　☐ Observed information matrix

☐ Modification indices　　　　　　4　Threshold for modification indices

步驟 2　按一下〔Calculate estimates〕圖像（▥），或者從工具列選擇
　　　　〔Analysis properties〕-〔Calculate estimates〕，再執行分析。
　　　　如要求檔案的儲存時，可先儲存在適當的場所。

Note

9.3 觀察輸出─判斷因果關係鏈

9.3.1 觀察輸出路徑圖

步驟 1 顯示標準化估計值。按一下〔View the output path diagram〕

圖像（ ），按一下〔Parameter format〕欄的〔Standardized estimates〕，即變成如下。

標準化路徑係數：

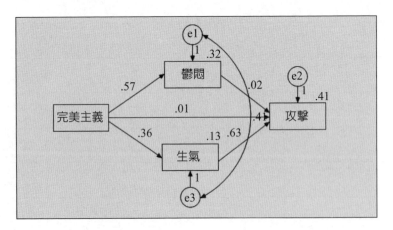

9.3.2 觀察正文輸出

步驟 1 按一下〔View text output〕圖像（ ），或者從工具列選擇〔View〕─〔Text output〕。
觀察〔Variables summary〕。

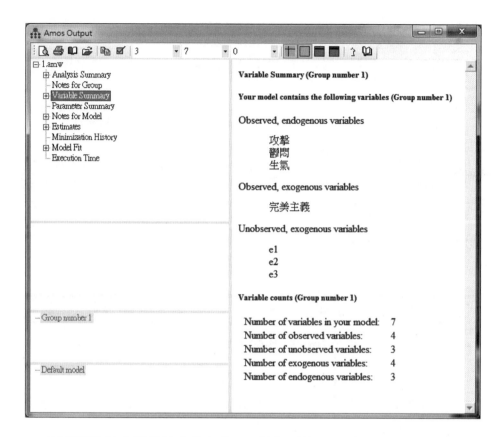

　　可被觀測的外生變數是完美主義，可被觀測的內生變數是鬱悶、生氣、攻擊，不能被觀測的外生變數是 3 個誤差變數。

 Tea Break

　　至少接受一個單向箭線的變數稱為內生變數（Endogenous variable），而一個也未接受單向箭線的變數則稱為外生變數（Exogenous variable）。

步驟 2　在〔Parameter summary〕中，確認各個的數目。

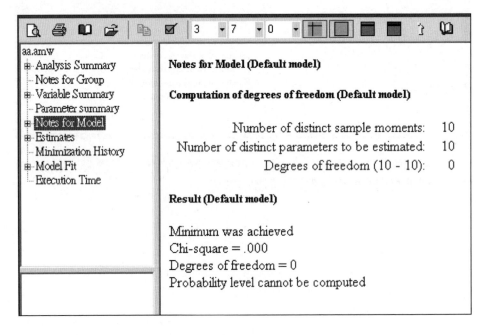

步驟 3　試觀察〔Notes for model〕。
　　　　　有自由度的計算欄以及結果欄。

在自由度的計算中，確認出自由度（10－10）是 0 之值。
在結果欄中，有顯著水準不能計算「Probability level cannot computed」
之顯示，也不妨記住此種顯示。

步驟 4　觀察〔Estimates〕。

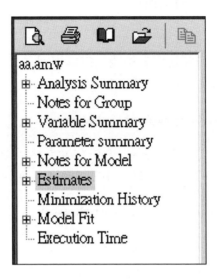

1. 首先，觀察單向的路徑部分。從鬱悶到攻擊，從完美主義到攻擊的路徑似乎不顯著。

Regression Weights: (Group number 1 - Default model)

			Estimate	S.E.	C.R.	P	Label
鬱悶	<---	完美主義	.590	.112	5.265	***	
生氣	<---	完美主義	.378	.127	2.970	.003	
攻擊	<---	完美主義	.008	.117	.065	.948	
攻擊	<---	鬱悶	.015	.123	.122	.903	
攻擊	<---	生氣	.583	.108	5.405	***	

Standardized Regression Weights: (Group number 1 - Default model)

			Estimate
鬱悶	<---	完美主義	.565
生氣	<---	完美主義	.361
攻擊	<---	完美主義	.008
攻擊	<---	鬱悶	.016
攻擊	<---	生氣	.632

HINT：係數的輸出結果其項目順序，是取決於畫路徑圖的觀測變數的順序或畫箭線的順序而有所不同。

2. 觀察共變異數與相關係數之相關。
鬱悶與生氣的誤差間是顯著相關。由於被認為具有「感情」的共同因素，因之可以說是妥當的結果。

Covariances: (Group number 1 - Default model)

	Estimate	S.E.	C.R.	P	Label
e1 <--> e3	.421	.145	2.901	.004	

Correlations: (Group number 1 - Default model)

	Estimate
e1 <--> e3	.408

3. 觀察複相關係數的平方欄。
因顯示有名自的 R^2 值，不妨確認看看。

Squared Multiple Correlations: (Group number 1 - Default model)

	Estimate
生氣	.130
鬱悶	.320
攻擊	.414

步驟 5 因在〔Output〕的選項中有勾選，所以接著輸出〔Total effects〕、〔Direct effects〕與〔Indirect effects〕。不妨觀察標準化的數值看看。

1. 首先是〔Standardized total effects〕。這是綜合地表示完美主義、生氣、鬱悶對其他的變數具有多少的影響力。

HINT：試觀察剛才的路徑圖。由完美主義到攻擊，除了有直接影響的路徑，也有與經由鬱悶的路徑，以及經由生氣的路徑。將這些路徑的影響力全部綜合之後即為「綜合效果」。

Standardized Total Effects (Group number 1 - Default model)

	完美主義	生氣	鬱悶
生氣	.361	.000	.000
鬱悶	.565	.000	.000
攻擊	.245	.632	.016

2. 其次，觀察標準化直接效果。這是表示未介入其他的變數，直接以單向箭線所連結之部分的影響力。

Standardized Direct Effects (Group number 1 - Default model)

	完美主義	生氣	鬱悶
生氣	.361	.000	.000
鬱悶	.565	.000	.000
攻擊	.008	.632	.016

3. 再來觀察標準化間接效果。這是表示介入其他的變數造成的影響。此次的路徑圖，是表示介入鬱悶及生氣後完美主義對攻擊造成的影響力。經由變數的影響力，要從路徑係數來計算。
   譬如，

   完美主義→生氣→攻擊：$0.361 \times 0.632 = 0.228$
   完美主義→鬱悶→攻擊：$0.565 \times 0.016 = 0.009$

   接著，綜合兩者時，
   從完美主義到攻擊的間接效果 $= 0.228 + 0.009 = 0.237$

Standardized Indirect Effects (Group number 1 - Default model)

	完美主義	生氣	鬱悶
生氣	.000	.000	.000
鬱悶	.000	.000	.000
攻擊	.237	.000	.000

另外，完美主義到攻擊的直接效果是 0.008，因此介入鬱悶與生氣的影響力顯然較大。

9.4 改良模式─刪除路徑再分析

9.4.1 路徑圖的變更、輸出

　　觀察輸出似乎可知由鬱悶到攻擊的路徑，以及由完美主義到攻擊的路徑幾乎都是 0。因此，想刪除此 2 條路徑再一次分析看看。

HINT：刪除此 2 條路與將此 2 條路徑固定成「0」是相同的。

步驟 1　按一下〔View the input path diagram（model specification）〕圖像

（ ），使之成為能變更路徑圖的狀態。

步驟 2　按一下〔Erase objects〕圖像（ ✗ ），刪除從鬱悶到攻擊，以及
　　　　　從完美主義到攻擊的路徑。

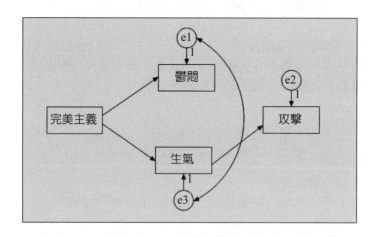

HINT：或者開啓〔Object properties〕，點選從鬱悶到攻擊的路徑，以及
　　　　由完美主義到攻擊的路徑，在〔Parameters〕Tab 的〔Regression
　　　　weight〕的框內輸入〔0〕也行。

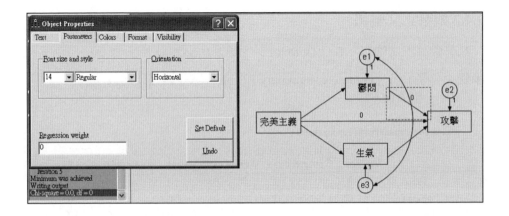

步驟 3 此處，請看刪除前者的路徑後所分析的結果。
顯示標準化估計值時，即為如下。

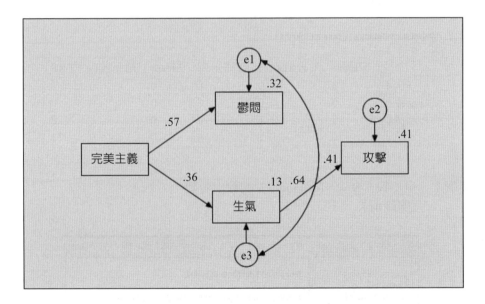

9.4.2 觀察正文輸出

試著觀察正文輸出〔Text Output〕。

步驟 1　顯示出〔Parameter summary〕，並與刪除路徑前比較看看。
〈刪除前〉

Parameter summary (Group number 1)

	Weights	Covariances	Variances	Means	Intercepts	Total
Fixed	3	0	0	0	0	3
Labeled	0	0	0	0	0	0
Unlabeled	5	1	4	0	0	10
Total	8	1	4	0	0	13

〈刪除後〉

Parameter summary (Group number 1)

	Weights	Covariances	Variances	Means	Intercepts	Total
Fixed	3	0	0	0	0	3
Labeled	0	0	0	0	0	0
Unlabeled	3	1	4	0	0	8
Total	6	1	4	0	0	11

步驟 2　也比較〔Notes for model〕的輸出看看。
〈刪除前〉

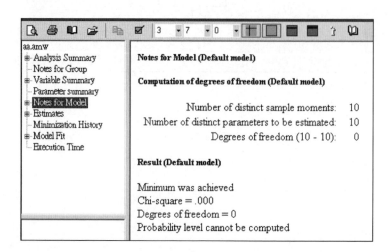

〈刪除後〉

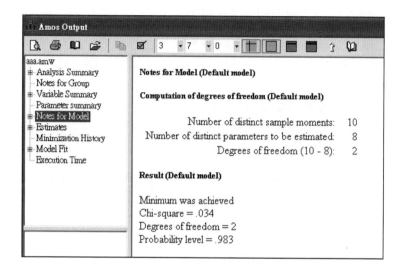

　　自由度之值從 0 變成 2，知可以計算出卡方之值（Chi-square）。

步驟 3　在〔Estimates〕方面，被刪除的路徑，其結果當然就未被輸出。

Maximum Likelihood Estimates

Regression Weights: (Group number 1 - Default model)

			Estimate	S.E.	C.R.	P	Label
生氣	<---	完美主義	.378	.127	2.970	.003	
鬱悶	<---	完美主義	.590	.112	5.265	***	
攻擊	<---	生氣	.593	.092	6.457	***	

Standardized Regression Weights: (Group number 1 - Default model)

			Estimate
生氣	<---	完美主義	.361
鬱悶	<---	完美主義	.565
攻擊	<---	生氣	.643

9.4.3 路徑分析中的自由度

　　刪除路徑之前與之後的自由度是不同的，刪除 2 條路徑後，自由度增加 2，似乎可以看出與路徑的個數有關係。

　　路徑分析中的自由度（Degree of freedom, DF），並非數據個數，而是對路徑圖加以計算的。

其中,「p」是觀測變數的個數。此處是使用 4 個觀測變數,因之,

$$p(p + 1) / 2 = 4(4 + 1) / 2 = 10$$

另外,「q」是要估計的自由母數的個數,亦即是「獨立變數的變異數」、「共變異數」、「路徑係數」、「誤差變異數」的合計值。

因此,刪除路徑之前,即為:

1(獨立變數的變異數)+ 1(共變異數)+ 5(路徑變數)
+ 3(誤差變異數)= 10

刪除後,即為:

1(獨立變數的變異數)+1(共變異數)+3(路徑係數)+3(誤差變異數)= 8

因此,

刪除路徑之前的自由度是 10 – 10 = 0,
刪除路徑之後的自由度是 10 – 8 = 2。

Text 輸出的自由度的計算,是記載此內容。

HINT:要記住自由度成為負的模式是無法分析的。

譬如,如下路徑圖的自由度是「-1」,故無法分析。

且出現「模式無法識別,需要再限制 1 個」的警告(The model is probably unidentified. In order to achieve identifiability, it will probably be necessary to impose 1 additional constraint.)。

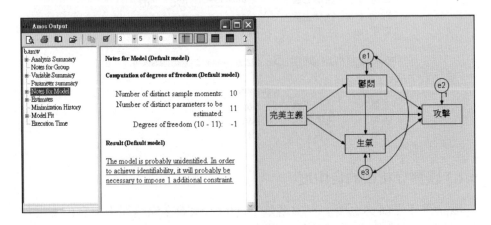

自由度 ≧ 0 是模式可被識別的「必要條件(最低限度的條件)」,但「並非充分條件」,換言之,即使滿足自由度 ≧ 0,模式也未必能識別。下圖的

（A）是未能被識別，而下圖的（B）是可以被識別。亦即，圖（A）的參數有 $b_1, b_2, b_3, b_4, v_1, v_2, v_3, v_4, c$ 等 9 個，樣本共變異數的個數有 $4 \times (4+1)/2 = 10$，滿足自由度 $(10–9=1) \geqq 0$，但此模式卻未能被識別。此外參數個數即使相同，但依路徑的連結方式不同，因此會有可被識別的模式，也會有未能被識別的模式。

　　很遺憾地，自己建立的模式儘管滿足必要條件，但是模式是否能識別，顯然並無容易判別的方法。Amos 在執行計算的過程中可察知並能告知，或許依賴它是一條捷徑吧！

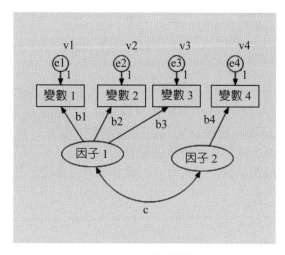

（A）未能識別

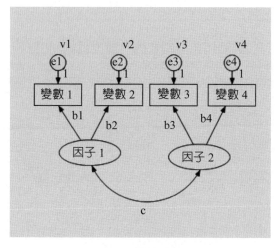

（B）可被識別

9.4.4 獨立模式與飽和模式

請看Text輸出的〔Model fit〕的部分。此處所顯示的適合度指標容後說明。

在此處所顯示的表中，除 Default model（此次所分析的路徑圖模式）之外，也顯示有飽和模式（Saturated）和獨立模式（Independence）。

CMIN

Model	NPAR	CMIN	DF	P	CMIN/DF
Default model	8	.034	2	.983	.017
Saturated model	10	.000	0		
Independence model	4	73.257	6	.000	12.209

所謂**飽和模式**是自由度為 0 且 χ^2 值（上表的 CMIN 之值）為 0 的模式。另外，原本是不存在自由度 0 的 χ^2 值，但方便上 Amos 則表記成 0。

所謂**獨立模式**是觀測變數之間假定全無關聯的模式。自由度是從最大的 p(p + 1) / 2 = 10 減去 4 個觀測變數的變異數而成為「6」。

本節所探討的最初模式是自由度 0 的飽和模式。那麼，其他的飽和模式是否不存在呢？也不盡然。

Tea Break

在研究上，實質的模式是介於飽和模式與獨立模式之間。

譬如，以下的路徑圖利用相同的數據也能成為飽和模式。

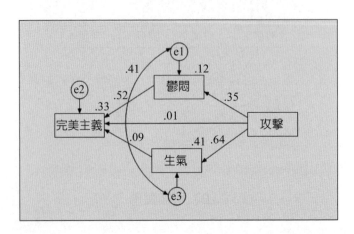

此外，下方的路徑圖也是飽和模式。

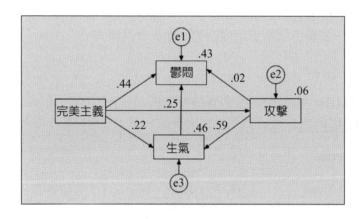

　本章最初的路徑圖與這些路徑圖的箭線方向是完全不同的，路徑係數也不同，但均為飽和模式。

　另一方面，以下的模式是獨立模式（未標準化估計值）。

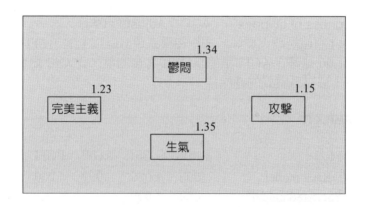

　像這樣，即使使用相同的數據，減少自由度直到成為飽和模式為止，也可以由獨立模式慢慢增加路徑。

　可是，在飽和模式之間，哪一個模式較優，無法基於適合度指標來判斷。在研究上，實質的模式是介於飽和模式與獨立模式之間。

Tea Break

模式的好壞仍需由適合度指標來判斷。

9.4.5 各種適合度指標

在 Amos 的〔Text output〕中按一下〔Model fit〕時，可以見到許多的適合度指標。一面參考這些適合度指標一面去改良模式。

■ χ^2 値

χ^2 値（CMIN）愈小愈好。顯著機率（P）最好不顯著，但即使顯著也無問題。「CMIN/DF」是 χ^2 値除以自由度後之值，可視爲愈小愈好。

CMIN

Model	NPAR	CMIN	DF	P	CMIN/DF
Default model	8	.034	2	.983	.017
Saturated model	10	.000	0		
Independence model	4	73.257	6	.000	12.209

■ GFI（Goodness of fit index），AGFI（Adjusted GFI）

GFI 與 AGFI 的值是愈大愈好。在飽和模式中 GFI 爲 1.00，GFI 與 AGFI 被視爲愈接近 1.00 愈好，AGFI 是修正 AGI 之後的值，比 GFI 之值小。一般比 0.90 大時，被視爲模式的適配佳。

RMR, GFI

Model	RMR	GFI	AGFI	PGFI
Default model	.008	1.000	.999	.200
Saturated model	.000	1.000		
Independence model	.462	.604	.339	.362

■ NFI（Normed fit index）與 CFI（Comparative fit index）

NFI 與 CFI 是表示所分析的模式是位於獨立模式與飽和模式之間的哪一個位置。愈接近 1 愈好，比 0.90 大可視爲是好的模式。

Baseline Comparisons

Model	NFI Delta1	RFI rho1	IFI Delta2	TLI rho2	CFI
Default model	1.000	.999	1.028	1.088	1.000
Saturated model	1.000		1.000		1.000
Independence model	.000	.000	.000	.000	.000

■ RMSEA（Root mean square error of approximation）

RMSEA 愈小愈好。一般最好是在 0.09 以下，如在 0.10 以上時，被視爲不佳。

RMSEA

Model	RMSEA	LO 90	HI 90	PCLOSE
Default model	.000	.000	.000	.985
Independence model	.436	.350	.528	.000

■ AIC（Akaike information criterion：赤池資訊量基準）

AIC 或 CAIC 並非絕對的基準。比較數個模式時，值愈小的模式被判斷是愈好的一種指標。

AIC

Model	AIC	BCC	BIC	CAIC
Default model	16.034	17.516	32.789	40.789
Saturated model	20.000	21.852	40.943	50.943
Independence model	81.257	81.998	89.634	93.634

模式中檢定不顯著的參數，表示此參數在模式中不具重要性，爲達模式簡約之目的，這些不顯著的參數最好刪除，參數顯著與否與樣本觀測值的大小也有關係。在基本適配度方面的評鑑項目上，包含是否沒有負的誤差變異量、因素負荷量是否介於 0.90 至 0.99 之間，以及是否沒有很大的標準誤。

■ 模式內在品質檢定摘要表

評鑑項目	模式適配判斷
所估計的參數均達到顯著水準	t 絕對值 > 1.96（p < 0.05）符號與期望相符
個別項目的信度（標準化係數的平方）	> 0.90
潛在變數的平均抽取量 * 參第 9 章	> 0.90
潛在變數的組合信度 * 參第 9 章	> 0.60
標準化殘差的絕對值	< 2.9.7
修正指標	< 3.84 或 < 4

■ 整體適配度摘要表

統計檢定量	適配的標準或臨界值
絕對適配度指數	
χ^2 值（CMIN）	此值愈小，或 P > 0.09，表示整體模式與實際資料愈適配，（接受虛無假設，表示模式與樣本資料間可以契合）
RMR 值	< 0.09
RMSEA 值	< 0.08（若 < 0.09 優良；< 0.08 良好）
GFI 值	> 0.90 以上
AGFI 值	> 0.90 以上
增值適配度指數	
NFI 值	> 0.90 以上
RFI 值	> 0.90 以上
IFI 值	> 0.90 以上
TLI 值（NNFI 值）	> 0.90 以上
CFI 值	> 0.90 以上
簡約適配度指數	
PGFI 值	> 0.9 以上
PNFI 值	> 0.9 以上
PCFI 值	> 0.9 以上

統計檢定量	適配的標準或臨界值
CN 值	> 200
χ^2 自由度比（$\chi^2 \div$ df，也稱為規範卡方，NC：Normed chi-square）	< 2
AIC 值	理論模式值小於獨立模式值，且小於飽和模式值
ECVI 值	理論模式值小於獨立模式值，且小於飽和模式值

9.5 以SPSS分析看看─分析數個因果關係鏈

9.5.1 計算相關係數

首先計算完美主義、鬱悶、生氣、攻擊的相關係數。

步驟 1 啓動 SPSS，選擇〔檔案〕─〔開啓舊檔〕─〔資料〕。在〔開啓檔案〕視窗中，讀取與先前相同的數據。

步驟 2 選擇〔分析〕─〔相關〕─〔雙變數〕。

步驟 3 在〔變數〕的框內指定〔完美主義〕、〔鬱悶〕、〔生氣〕、〔攻擊〕，按〔確定〕。

結果得出如下。4 個得分相互之間有正的相關關係。但是，完美主義與攻擊的相關係數略低。

Correlations

		完美主義	鬱悶	生氣	攻擊
完美主義	Pearson Correlation	1	.565**	.361**	.245
	Sig. (2-tailed)		.000	.005	.059
	N	60	60	60	60
鬱悶	Pearson Correlation	.565**	1	.518**	.348**
	Sig. (2-tailed)	.000		.000	.006
	N	60	60	60	60
生氣	Pearson Correlation	.361**	.518**	1	.643**
	Sig. (2-tailed)	.005	.000		.000
	N	60	60	60	60
攻擊	Pearson Correlation	.245	.348**	.643**	1
	Sig. (2-tailed)	.059	.006	.000	
	N	60	60	60	60

**. Correlation is significant at the 0.01 level (2-tailed).

9.5.2 進行複迴歸分析

進行由完美主義到鬱悶的迴歸分析。

步驟 1　選擇〔分析〕–〔迴歸方法〕–〔線性〕。

步驟 2　〔依變數〕指定〔鬱悶〕，〔自變數〕指定〔完美主義〕，按〔確定〕。

標準值迴歸係數（β）是 0.565（P < 0.001），R^2 是 0.320（P < 0.001）。

模式摘要

模式	R	R 平方	調過後的 R 平方	估計的標準誤
1	.565[a]	.320	.308	.970

a. 預測變數:(常數),完美主義

Anova[b]

模式		平方和	df	平均平方和	F	顯著性
1	迴歸	25.633	1	25.633	27.255	.000[a]
	殘差	54.550	58	.941		
	總數	80.183	59			

a. 預測變數:(常數),完美主義

b. 依變數: 鬱悶

係數[a]

模式		未標準化係數		標準化係數	t	顯著性
		B 之估計值	標準誤差	Beta 分配		
1	(常數)	1.220	.325		3.759	.000
	完美主義	.590	.113	.565	5.221	.000

a. 依變數: 鬱悶

其次，進行由完美主義到生氣的迴歸分析。

步驟 3　再次選擇〔分析〕－〔迴歸方法〕－〔線性〕。

步驟 4　〔依變數〕指定〔生氣〕，〔自變數〕指定〔完美主義〕，按〔確定〕。

標準值迴歸係數（β）是 0.361（P < 0.001），R^2 是 0.130（P < 0.001）。

模式摘要

模式	R	R 平方	調過後的 R 平方	估計的標準誤
1	.361[a]	.130	.115	1.102

a. 預測變數:(常數),完美主義

Anova[b]

模式		平方和	df	平均平方和	F	顯著性
1	迴歸	10.531	1	10.531	8.670	.005[a]
	殘差	70.452	58	1.215		
	總數	80.983	59			

a. 預測變數:(常數),完美主義

b. 依變數: 生氣

係數[a]

模式		未標準化係數		標準化係數	t	顯著性
		B 之估計值	標準誤差	Beta 分配		
1	(常數)	1.515	.369		4.106	.000
	完美主義	.378	.128	.361	2.944	.005

a. 依變數:生氣

其次，以完美主義、鬱悶、生氣為獨立變數，攻擊為依變數，進行複迴歸分析（參 9.3.1 的圖形）。

步驟 5　選擇〔分析〕－〔迴歸方法〕－〔線性〕。

步驟 6　〔依變數〕指定〔攻擊〕，〔自變數〕指定〔完美主義〕、〔鬱悶〕、〔生氣〕，按〔確定〕。

由完美主義到攻擊：$\beta = 0.008$, n.s.

由鬱悶到攻擊：$\beta = 0.016$, n.s.
由生氣到攻擊：$\beta = 0.632$, n.s.
攻擊的 $R^2 = 0.414$, P < 0.01

模式摘要

模式	R	R 平方	調過後的 R 平方	估計的標準誤
1	.644[a]	.414	.383	.848

a. 預測變數:(常數), 生氣, 完美主義, 鬱悶

Anova[b]

模式		平方和	df	平均平方和	F	顯著性
1	迴歸	28.533	3	9.511	13.211	.000[a]
	殘差	40.317	56	.720		
	總數	68.850	59			

a. 預測變數:(常數), 生氣, 完美主義, 鬱悶

b. 依變數: 攻擊

係數[a]

模式		未標準化係數		標準化係數	t	顯著性
		B 之估計值	標準誤差	Beta 分配		
1	(常數)	.921	.334		2.760	.008
	完美主義	.008	.120	.008	.064	.949
	鬱悶	.015	.126	.016	.118	.906
	生氣	.583	.111	.632	5.266	.000

a. 依變數: 攻擊

9.5.3 計算偏相關係數

計算鬱悶與生氣的誤差之間的相關，換言之，「控制完美主義對鬱悶與生氣的偏相關係數」。

步驟 1 選擇〔分析〕-〔相關-〔偏相關〕。

步驟 2 於〔變數〕中指定〔鬱悶〕與〔生氣〕。
在〔控制的變數〕指定〔完美主義〕。

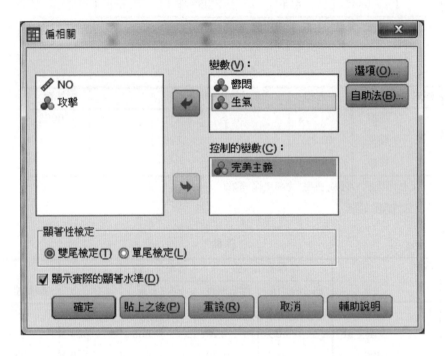

按〔確定〕。

偏相關係數是 0.408（P < 0.001）。

相關

控制變數			鬱悶	生氣
完美主義	鬱悶	相關	1.000	.408
		顯著性 (雙尾)	.	.001
		df	0	57
	生氣	相關	.408	1.000
		顯著性 (雙尾)	.001	.
		df	57	0

9.5.4 將結果置入路徑圖中

將目前以 SPSS 分析的結果表示在路徑圖中,即為如下。與 9.4 節的結果,可以說幾乎是相同之值。

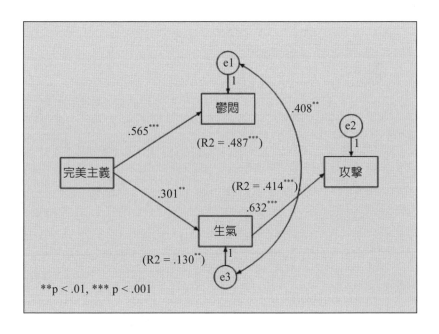

Tea Break

　　路徑分析是一種用來分析變項間因果關係（Causal relation）的統計方法。其中，能夠引發其他變項發生改變的變項稱作是「因」（Causes），被其他變項影響而產生改變的變項稱作是「果」（Effects），因此，「因」與「果」之間便會產生許多「直接」影響（Direct effects）和「間接」影響（Indirect effects）的效果；路徑分析即是於研究者事前對於文獻的考量所提出的一種因果模式，用多元迴歸分析中的標準化迴歸方程式的估計方法，找出並驗證能符合模式假設的路徑係數（Path coefficient，以求出「因」對「果」之影響力的直接效果和間接效果，並以量化的數據來解釋這些因果關係的假設，以達到驗證研究者所提之因果模式的存在與否。

第 10 章
結構方程模式分析

本章內容

　　結構方程模型（Structural equation modeling, SEM）在 1980 年代前稱為路徑分析（Path analysis）──其目的在於建構一組「多變項的因果模型」，也就是包括：應變項、自變項、中介變項或調節變項等具備「因果關係」而不僅是「相關關係」的理論。

例題 10-1

　　為了實際使用結構方程模式進行分析，以下使用醫院的意見調查進行分析並探討因果關係，以體驗此結構方程模式的有趣性。

　　針對 3 家綜合醫院的利用者，進行如下的意見調查。

意見調查表

項目 1	您對此綜合醫院的照明覺得如何？	〔照明（Bright）〕
	1　　2　　3　　4　　5	
	壞 └──┴──┴──┴──┘ 好	

項目 2	您對此綜合醫院的色彩覺得如何？	〔色彩（Color）〕
	1　　2　　3　　4　　5	
	穩重 └──┴──┴──┴──┘ 花俏	

項目 3	您對此綜合醫院的休息空間之地點覺得如何？	〔空間認知（Space）〕
	1　　2　　3　　4　　5	
	不易使用 └──┴──┴──┴──┘ 容易使用	

項目 4	您對此綜合醫院的動線設計覺得如何？	〔動線（Moving）〕
	1　　2　　3　　4　　5	
	容易了解 └──┴──┴──┴──┘ 不易了解	

項目 5	您經常利用此綜合醫院嗎？	〔使用次數（Frequency）〕
	1　　2　　3　　4　　5	
	不常利用 └──┴──┴──┴──┘ 常利用	

項目 6	您對此綜合醫院的掛號收費覺得如何？	〔掛號費用（Fee）〕
	1　　2　　3　　4　　5	
	便宜 └──┴──┴──┴──┘ 貴	

　　以下的數據是有關 3 家綜合醫院 A、B、C 的利用者滿意度之調查解果。

表 1 綜合醫院類型 A

NO.	bright	color	space	moving	frequency	fee
1	3	3	3	4	2	4
2	3	3	2	5	2	3
3	2	4	2	2	3	3
4	4	2	3	4	1	3
5	3	3	2	3	4	1
6	4	2	2	5	5	3
7	3	3	2	5	5	3
8	2	4	3	2	1	3
9	4	2	3	4	4	1
10	2	4	3	2	5	3
11	2	2	3	3	4	4
12	2	3	2	5	4	1
13	3	4	2	5	1	4
14	4	3	2	4	1	3
15	3	3	1	5	1	4
16	3	4	3	3	2	3
17	4	3	3	4	2	4
18	2	4	2	5	2	4
19	4	2	2	4	1	4
20	4	2	2	4	3	4
21	3	3	1	4	3	2
22	3	3	3	5	1	3
23	4	3	2	5	2	3
24	2	4	3	5	2	2
25	2	4	4	2	4	4
26	5	3	3	1	2	3
27	5	4	4	5	2	3
28	5	5	4	4	4	3
29	5	5	4	5	4	1
30	5	1	3	5	2	4

表 2　綜合醫院類型 B

NO.	bright	color	space	moving	frequency	fee
31	3	4	3	2	2	2
32	2	3	3	5	5	4
33	3	3	3	1	3	3
34	3	4	3	4	4	2
35	2	3	2	3	1	3
36	3	3	2	4	3	3
37	3	3	4	4	4	1
38	1	5	2	4	4	1
39	4	2	2	4	3	2
40	4	2	1	3	1	4
41	4	2	3	5	1	2
42	3	3	2	5	1	3
43	2	4	2	5	3	2
44	3	3	3	4	5	2
45	4	4	3	4	3	2
46	4	3	3	3	5	3
47	4	4	3	4	5	2
48	2	2	4	2	3	2
49	4	4	2	3	3	2
50	2	2	3	4	3	2
51	4	4	2	5	4	3
52	3	3	2	4	4	4
53	4	4	2	4	3	4
54	3	3	5	3	4	2
55	4	4	4	1	4	2
56	2	4	2	5	1	4
57	3	4	4	5	2	4
58	3	4	4	3	1	3
59	4	4	3	4	4	2
60	3	3	2	4	2	4

表 3　綜合醫院類型 C

NO.	bright	color	space	moving	frequency	fee
61	4	2	2	2	5	3
62	2	4	3	2	4	1
63	5	4	4	1	4	4
64	3	3	3	2	3	1
65	5	1	2	3	2	3
66	3	3	3	2	3	2
67	4	4	4	2	3	4
68	3	3	3	1	5	1
69	3	3	3	2	5	3
70	4	4	3	1	5	1
71	3	3	5	2	5	2
72	3	3	3	3	4	2
73	3	4	2	3	2	2
74	4	4	2	3	3	3
75	2	5	3	3	4	3
76	3	3	2	2	2	3
77	4	3	3	4	3	3
78	3	3	2	5	2	3
79	3	3	4	2	4	4
80	4	4	2	5	1	4
81	3	3	3	2	2	3
82	3	3	3	2	2	5
83	3	3	4	3	4	3
84	3	3	4	4	2	2
85	3	4	5	1	3	1
86	4	4	4	2	2	2
87	4	4	2	4	2	3
88	3	3	2	2	2	4
89	5	2	3	3	1	2
90	4	3	4	3	1	5

10.1 想分析的事情是什麼

■ 調查項目

在以下的路徑圖中，想按照 3 家綜合醫院調查室內照明、外觀色彩、空間認知、動線、使用次數，掛號費用之間的關聯性。

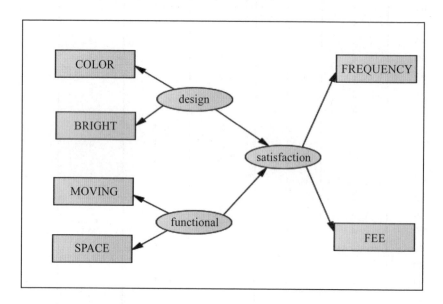

此時想探討如下事項：

1. 從設計性來看，對利用者滿意度之影響來說，在綜合醫院 A、B、C 之間有何不同？
2. 從機能性來看，對利用者滿意度之影響來說，在綜合醫院 A、B、C 之間有何不同？
3. 設計性最高的綜合醫院是 A、B、C 之中的何者？
4. 機能性最高的綜合醫院是 A、B、C 之中的何者？
5. 利用者滿意度最高的是 A、B、C 之中的何者？

此時可以考慮如下的統計處理。

■ 統計處理

使用結構方程模式分析用軟體 Amos 製作如下的路徑圖：

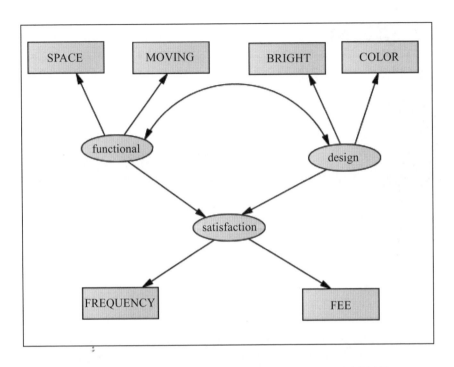

利用多母體的同時分析來分別估計 3 個類型中的如下路徑係數：

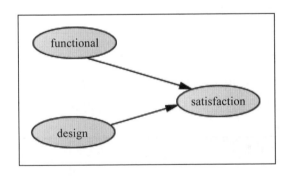

利用平均構造模式，針對：

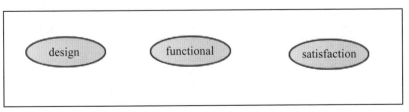

比較 3 個類型的平均之差異。

10.2 撰文時

■ 結構方程模式分析之情形

撰寫論文時要注意以下幾點。

在進行多母體的同時分析之後，從設計性到利用者滿意度的路徑係數，得出如下。

類型 \ 係數	未標準化係數	標準化係數
綜合醫院 A	-0.383	-0.234
綜合醫院 B	-2.380	-0.666
綜合醫院 C	-0.681	-0.427

由此可知設計性與利用者的滿意度不一定有關聯。
從機能性到利用者滿意度的路徑係數，得出如下。

類型 \ 係數	未標準化係數	標準化係數
綜合醫院 A	0.144	0.046
綜合醫院 B	1.811	0.089
綜合醫院 C	1.728	0.651

由此可知機能性與利用者的滿意度有關聯，但綜合醫院 A 比綜合醫院 B、C 來說，其關聯性略低。

求設計性與機能性的平均值，得出如下。

類型 \ 平均值	設計性	機能性
綜合醫院 A	0	0
綜合醫院 B	-0.248	0.097
綜合醫院 C	0.045	0.490

由此可知以綜合醫院 A 為基準時，在設計性上綜合醫院 B 較差。
在機能性上，綜合醫院 C 則較具優勢。
求設計性與機能性在平均值周邊的利用者滿意度，得出如下。

類型	滿意度
綜合醫院 A	0
綜合醫院 B	0.473907
綜合醫院 C	0.391075

從此可知綜合醫院 B 的滿意度最高。
在此分析中，模式適合度指標的 RMSEA 是 0.000。
由以上事項可以判讀出什麼呢？

由以上事項可以判讀出
什麼呢？
繼續看下去吧！

10.3 數據輸入類型

將表 1～表 3 的資料，如下輸入。數據參 data_10-1.sav。

	type	bright	color	space	動線	frequenc
1	1	3	3	3	4	
2	1	3	3	2	5	
3	1	2	4	2	2	
4	1	4	2	3	4	
5	1	3	3	2	3	
6	1	4	2	2	5	
7	1	3	3	2	5	
8	1	2	4	3	2	
9	1	4	2	3	4	
10	1	2	4	3	2	
11	1	2	2	3	3	
12	1	2	3	2	5	
13	1	3	4	2	5	
14	1	4	3	2	4	
15	1	3	3	1	5	
16	1	3	4	3	3	
17	1	4	3	3	4	
18	1	2	4	2	5	
19	1	4	2	2	4	
20	1	4	2	2	4	
21	1	3	3	1	4	
22	1	3	3	3	5	
23	1	4	3	2	5	
24	1	2	4	3	5	

10-1.sav [資料集1] - IBM SPSS Statistics 資料編輯器　　　　—　□　×

檔案(F)　編輯(E)　檢視(V)　資料(D)　轉換(T)　分析(A)　圖形(G)　公用程式(U)　延伸(X)　視窗(W)　說明(H)

顯示：7個變數（共有7個）

	type	bright	color	space	動線	frequenc
67	3	4	4	4	2	
68	3	3	3	3	1	
69	3	3	3	3	2	
70	3	4	4	3	1	
71	3	3	3	5	2	
72	3	3	3	3	3	
73	3	3	4	2	3	
74	3	4	4	2	3	
75	3	2	5	3	3	
76	3	3	3	2	2	
77	3	4	3	3	4	
78	3	3	3	2	5	
79	3	3	3	4	2	
80	3	4	4	2	5	
81	3	3	3	3	2	
82	3	3	3	3	2	
83	3	3	3	4	3	
84	3	3	3	4	4	
85	3	3	4	5	1	
86	3	4	4	4	2	
87	3	4	4	2	4	
88	3	3	3	2	2	
89	3	5	2	3	3	
90	3	4	3	4	3	

10.4 指定資料的檔案

以下以步驟的方式進行 Amos 的操作說明。

步驟 1 　點選〔開始〕－〔IBM SPSS Amos〕－〔Amos Graphis〕。

步驟 2 　變成以下畫面時，從〔分析〕的清單中，選擇〔組管理〕。

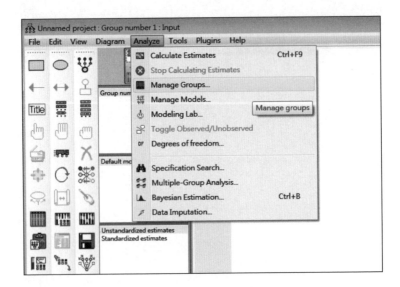

步驟 3　如下，系統預設〔組名〕為〔group number 1〕。

步驟 4　因之，如下修改成〔typeA〕。
　　　　　然後，按〔Close〕。

步驟 5　接著，從〔檔案〕的清單中選擇〔資料檔〕。

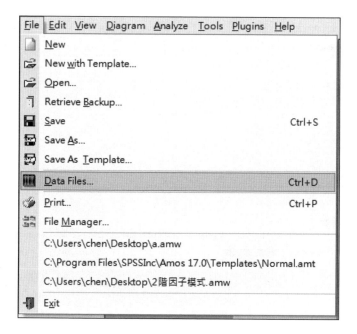

步驟 6 變成資料檔的畫面時，按一下〔檔名〕。

步驟 7 指定用於分析的 sav 檔名（10-1）按一下〔開啓〕。

步驟 8 回到資料檔的畫面時，可見在檔案的地方，已顯示用於分析的檔名。

接著，資料因分成了 3 個類型，因之按一下〔分組變數〕。

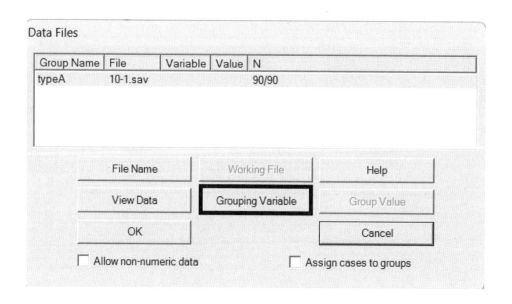

步驟 9 變成了選擇分組變數的畫面時，選擇類型〔TYPE〕，按〔確定〕。

步驟 10　可見在變數的地方，已列入分組數名稱〔TYPE〕。
　　　　接著，按一下〔組值〕。

```
Data Files

 Group Name │ File      │ Variable │ Value │ N
 typeA        10-1.sav    type              90/90



          File Name          Working File           Help

          View Data        Grouping Variable      Group Value

             OK                                     Cancel

      ☐ Allow non-numeric data          ☐ Assign cases to groups
```

步驟 11　變成組值的選擇畫面時，選擇數值之中的〔1〕，按〔確定〕。

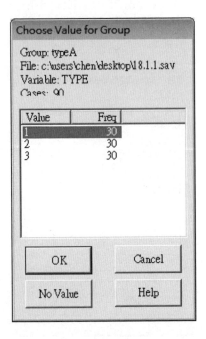

步驟 12　回到畫面，可見在資料檔畫面中的數值處已列入〔1〕。
接著按〔確定〕。

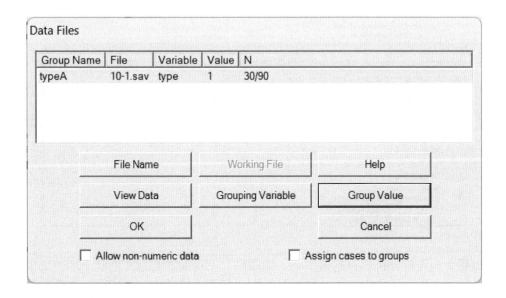

依據步驟以圖進圖出的
方式即可完成設定。

10.5 繪製共同的路徑圖

步驟1 此分析由於想指定平均值與截距，所以從〔檢視〕的清單中選擇〔分析性質〕。

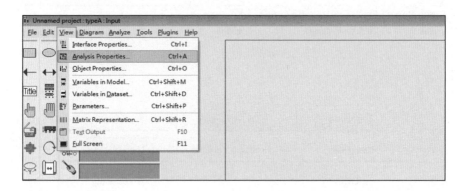

步驟2 變成分析性質的畫面時，如圖點一下頁面並勾選〔估計平均值與截距〕，也點一下〔輸出〕頁面，勾選〔標準化估計值〕，然後關閉此分析性質之視窗。

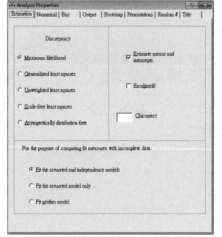
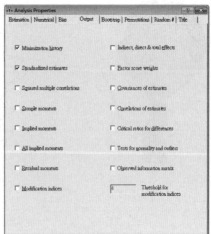

 Tea Break

此處的點選是針對潛在變數的設定。

步驟 3　回到 Graphics 的畫面時，如下繪製路徑圖。

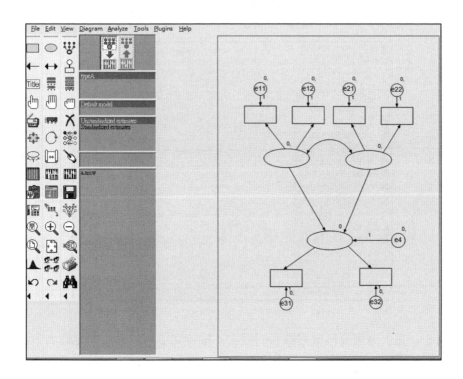

Tea Break

　　因在步驟 2 中對估計平均值與截距已有勾選，所以在圓或橢圓的右肩上加上 0。此意指以類型 A 為基準，因之類型 A 的平均 = 0。
　　e11 等的變數名，如在圓上連按兩下，會出現物件性質之畫面，然後如下輸入變數名即可。

步驟 4 為了在 □ 中輸入觀察到的變數名，從〔檢視〕的清單中選擇〔資料組中所含的變數〕。

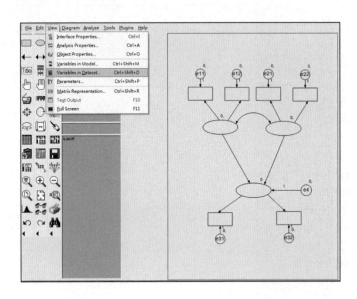

步驟 5 如下出現資料檔變數名的畫面，接著點選用於分析的變數名，再拖曳到 □ 之上。

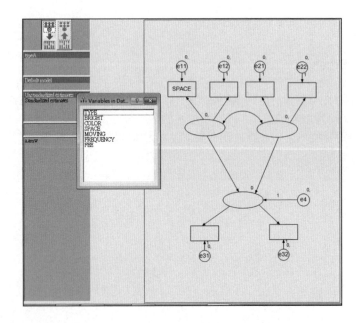

步驟 6　重複此動作，將所需變數名完成投入後，再關閉資料組中所包含變數的畫面。

（註）如投錯名稱時，在 ☐ 上按兩下，在所出現的物件性質的畫面上即可刪除。

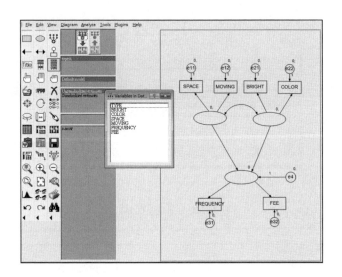

步驟 7　其次，為了在 ◯ 之中放入潛在變數名，在 ◯ 的上面按右鍵，然後選擇〔物件性質〕。

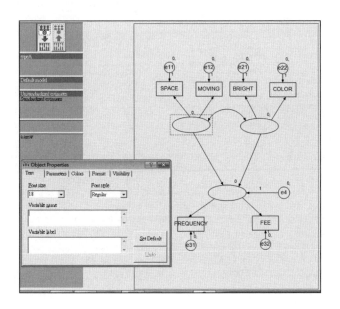

步驟 8　在〔物件性質〕方框的〔變數名〕中輸入潛在變數名〔functional〕，
再關閉畫面。

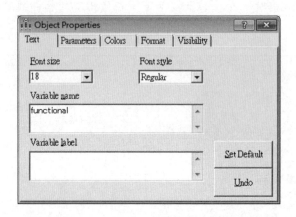

步驟 9　於是可在〇之中看見潛在變數名稱 functional。

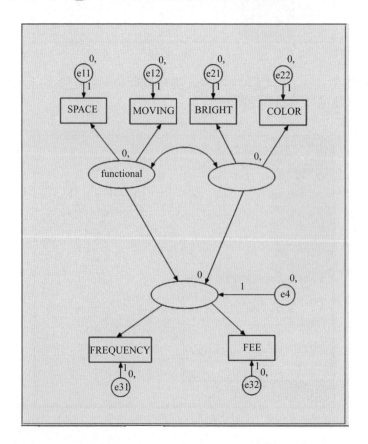

步驟 10 重複此動作，完成的圖形如下顯示。

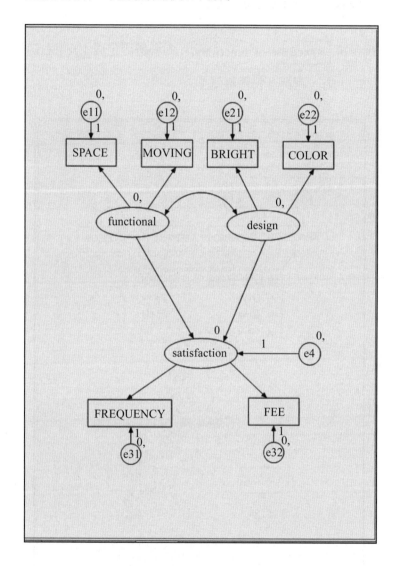

10.6 指定共同的參數

步驟 1 為了將 space ◄—— functional 的參數固定成 1，用右鍵按一下箭頭的上方，選擇〔物件性質〕。

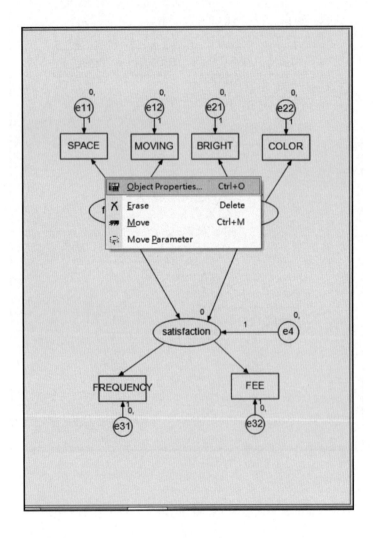

步驟 2 變成物件性質的畫面時，在〔參數〕Tab 的係數中輸入〔1〕，再關閉畫面。

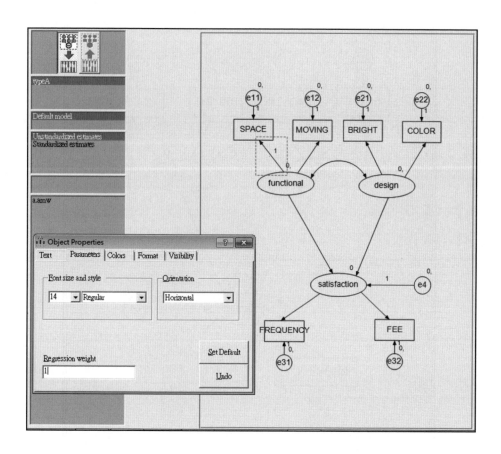

步驟 3　於是可見路徑圖的箭線上放入 1。

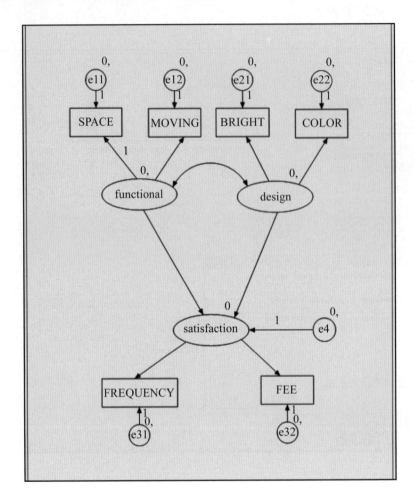

步驟 4 同作法將 bright ◄── design 與 satisfaction ◄── frequency 的
箭線上也同樣放入 1。

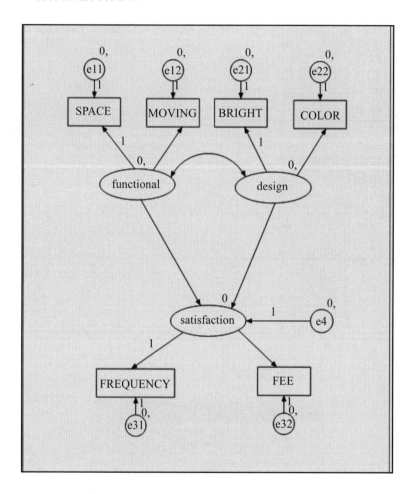

步驟 5 接著對剩下部分的參數加上名稱。
於是從〔增益集〕的清單中選擇〔命名參數〕。

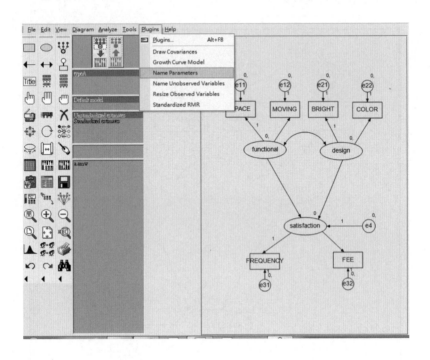

步驟 6 此處,如下勾選後按〔確定〕。

Amos Graphics

Prefix	Parameters
C	☑ Covariances
W	☑ Regression weights
V	☐ Variances
M	☑ Means
I	☑ Intercepts

OK   Cancel

步驟 7　如下可見在路徑圖上已加上參數名。

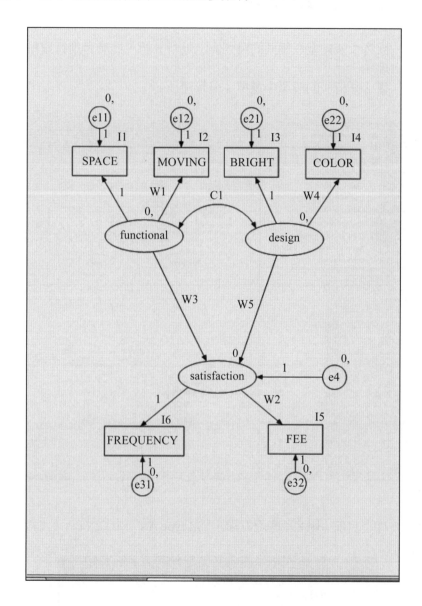

10.7 資料的組管理

步驟 1 欲將 3 個類型在相同的路徑圖上進行分析，此時可進行資料的組管理。

從〔分析〕的清單中選擇〔組管理〕。

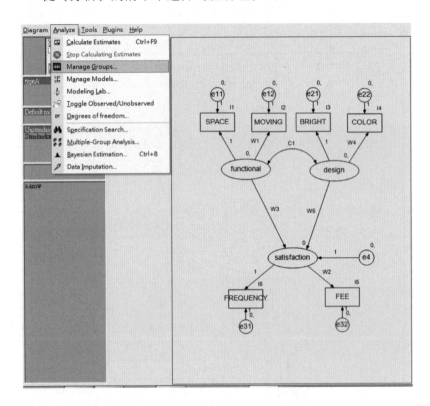

步驟 2 如下目前〔組名〕的地方顯示為〔type A〕，因之按一下〔新增〕。

步驟 3　將系統預設的組名 Group number 2 修改為〔type B〕，再按〔新增〕。

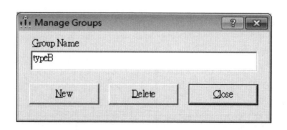

步驟 4　接著，同作法新增〔type C〕之後，按〔Close〕。

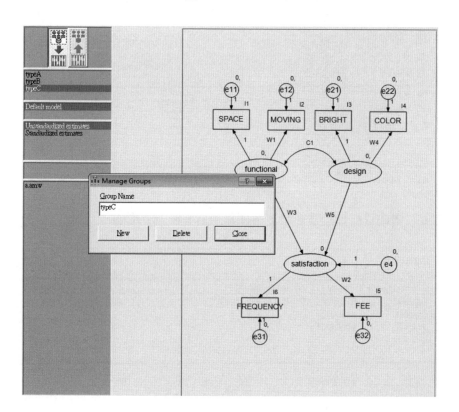

步驟5 為了分別指定類型 B 與類型 C 的資料,從〔檔案〕的清單中選擇〔資料檔〕。

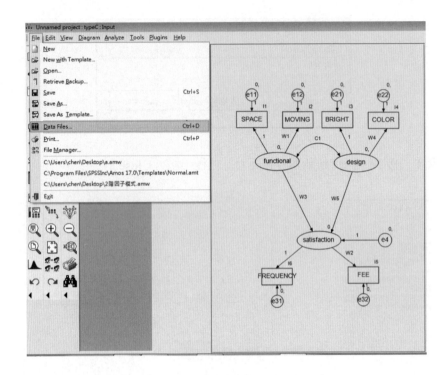

步驟6 變成資料檔的畫面時,選擇類型 B,按一下 檔名 。

Data Files

Group Name	File	Variable	Value	N
typeA	10-1.sav	TYPE		90/90
typeB	\<working\>			
typeC	\<working\>			

File **N**ame	Working File	Help
View **D**ata	Grouping Variable	Group **V**alue
OK		Cancel

☐ Allow non-numeric data   ☐ Assign **c**ases to groups

步驟 7 與類型 A 一樣指定 sav 檔名（10-1），按一下〔開啓〕。

步驟 8 接著，與 10-5 小節的步驟 8～11 相同，設定分組變數名與組的識別值。
於是，type B 的資料檔即如下加以設定完成。

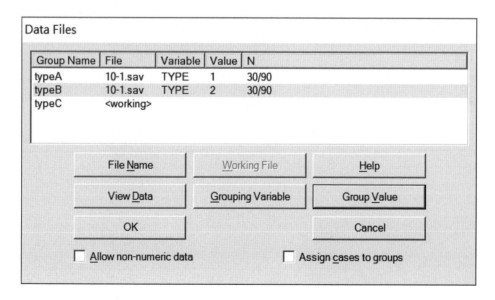

步驟 9 將類型 C 也與 type B 同樣設定完成。

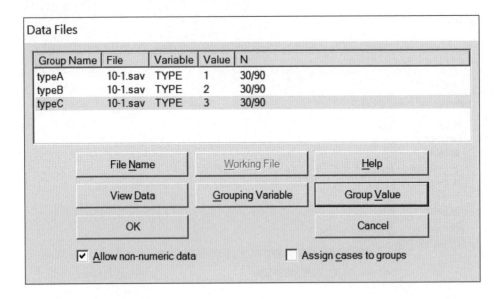

Tea Break

為了對 3 個綜合醫院 A、B、C 的潛在變數貼上「相同名稱」：
　　「設計性」、「機能性」、「滿意度」
需要將「參數 W1、W2、W3 之值共同設定」。

Note

10.8 於各類型中部分變更參數的指定

步驟1 按一下類型 B 時，出現與類型 A 相同的路徑圖。

為了變更 (機能性 ─➤ 滿意度) 的參數名稱，於是在箭線上按

兩下，將係數從 W3 變更為 W32。

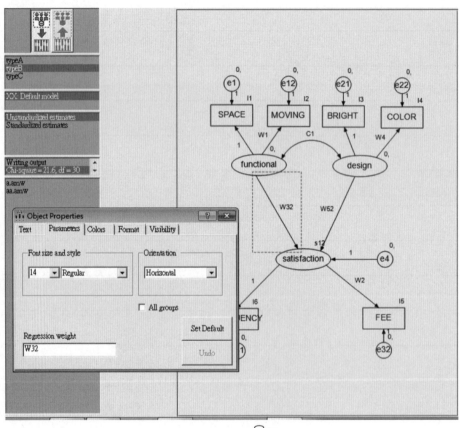

要先將 all group
的勾選取消喔！

步驟 2 同樣，將 設計性 ——▶ 滿意度 的參數按兩下，將係數從 W5

變更爲 W52。

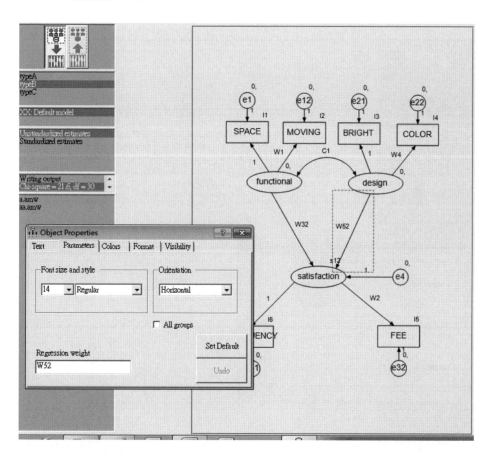

步驟 3　接著，將  的參數按兩下，將係數從 C1 變更為 C12。

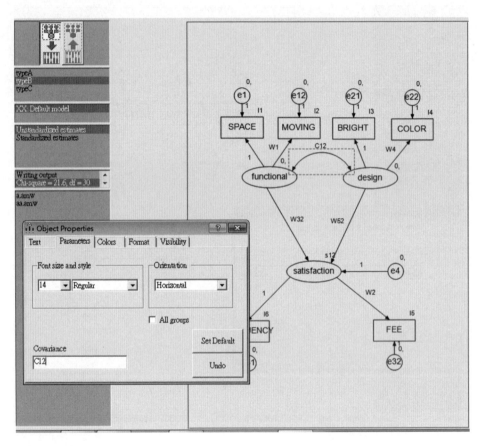

步驟 4 為了變更 ⬭機能性⬭ 的平均參數名，在 ⬭機能性⬭ 之上按兩下，將
平均從 0 變更為 h12。

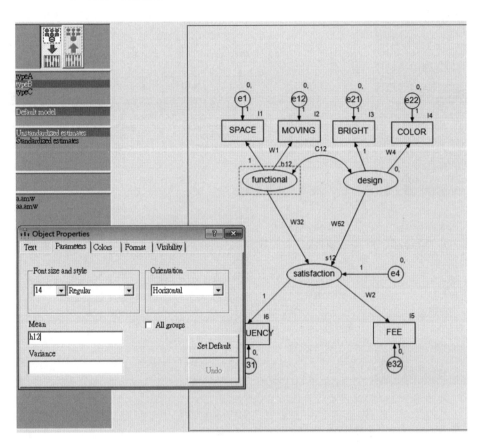

步驟 5 將 設計性 的平均也一樣從 0 變更為 h22。

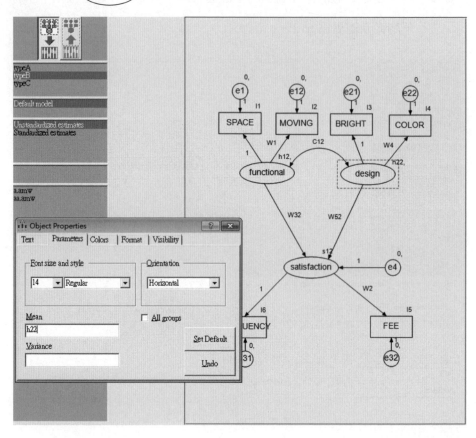

步驟 6 最後,為了變更 (滿意度) 截距的參數名,在 (滿意度) 之上按兩下,將截距從 0 變更為 S12。

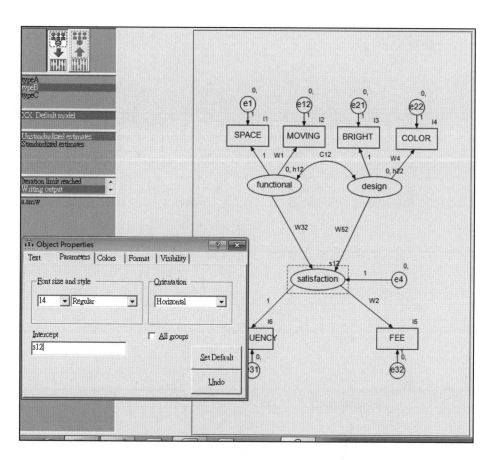

步驟 7 類型 B 的參數名即變成如下。

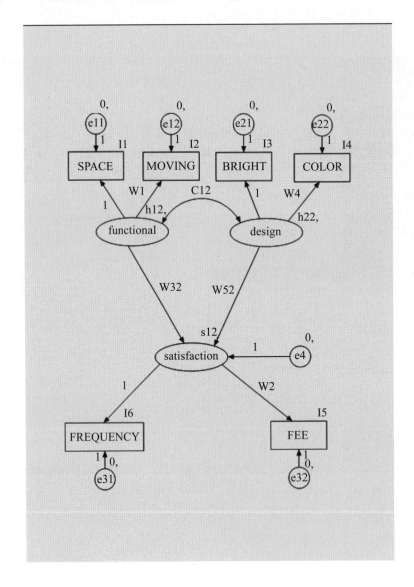

步驟 8 同作法將 type C 的參數名也變成如下。

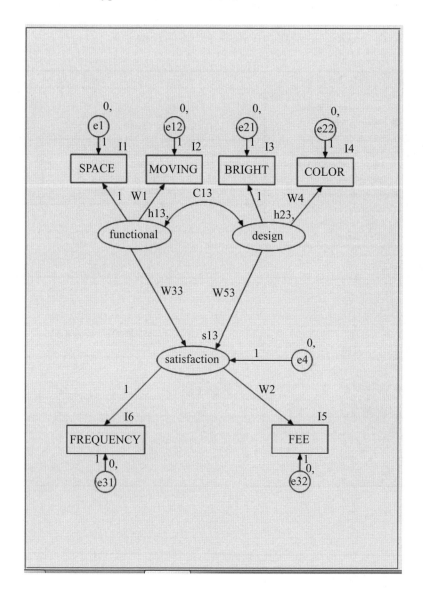

10.9 Amos的執行

步驟1 從〔分析〕的清單中,選擇〔計算估計值〕。

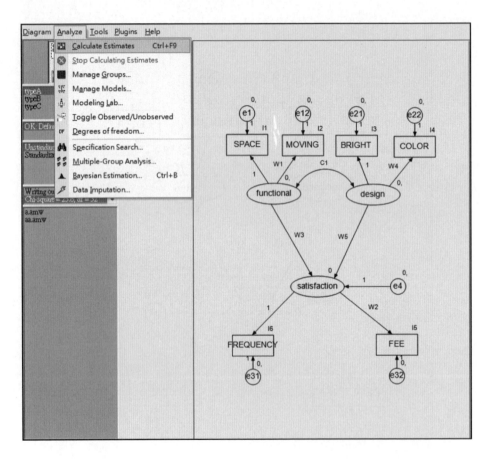

步驟 2 類型 A 的未標準化估計值，變成如下的畫面。

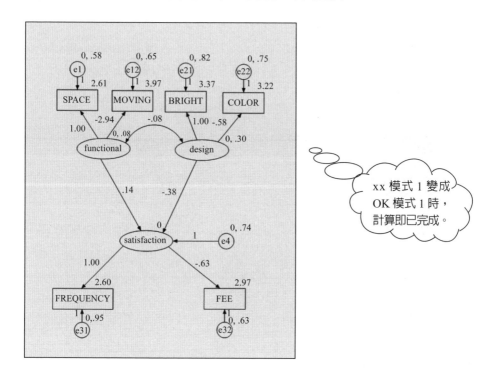

xx 模式 1 變成
OK 模式 1 時，
計算即已完成。

type A 的輸出結果如下：

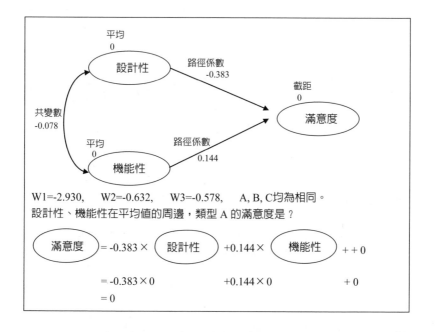

W1=-2.930,　　W2=-0.632,　　W3=-0.578,　　A, B, C均為相同。
設計性、機能性在平均值的周邊，類型 A 的滿意度是？

步驟 3 type B 的未標準化估計值變成如下。

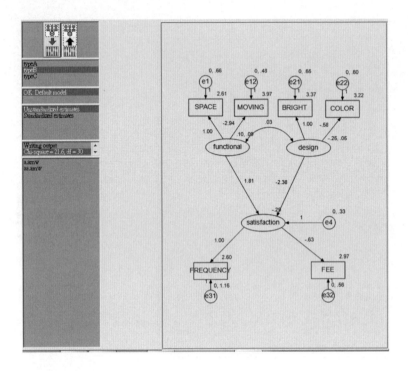

type B 的輸出結果如下：

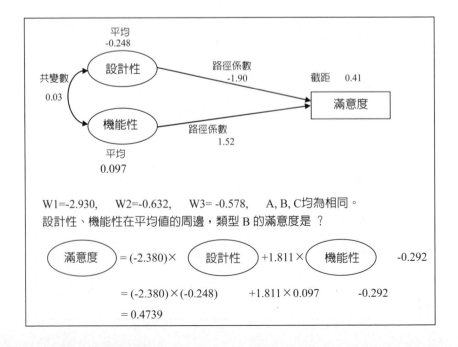

W1=-2.930,　　W2=-0.632,　　W3= -0.578,　　A, B, C均為相同。
設計性、機能性在平均值的周邊，類型 B 的滿意度是 ？

$$滿意度 = (-2.380) \times 設計性 + 1.811 \times 機能性 \quad -0.292$$

$$= (-2.380) \times (-0.248) \quad +1.811 \times 0.097 \quad -0.292$$

$$= 0.4739$$

步驟 4　type C 的未標準化估計值變成如下。

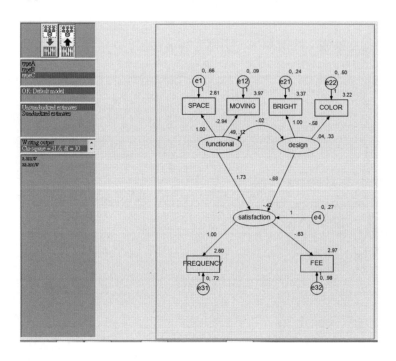

type C 的輸出結果如下：

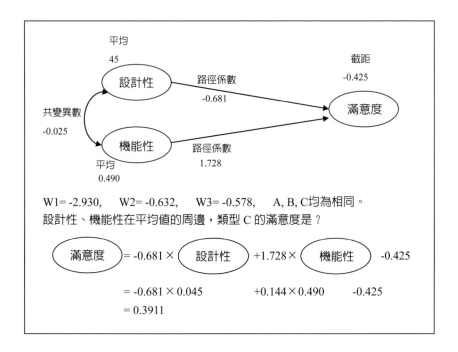

W1= -2.930,　W2= -0.632,　W3= -0.578,　　A, B, C均為相同。
設計性、機能性在平均值的周邊，類型 C 的滿意度是？

滿意度 = -0.681× 設計性 +1.728× 機能性 -0.425

= -0.681× 0.045　　　+0.144×0.490　　-0.425

= 0.3911

10.10 輸出結果的顯示

步驟 1 　從〔檢視〕的清單中，選擇〔Text 輸出〕。

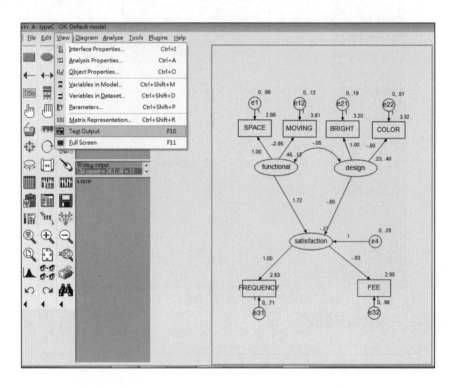

步驟 2 　變成了如下的 Text 輸出畫面。
　　　　　首先，按一下〔參數估計值〕，觀察輸出結果看看。

步驟 3　點一下 typeA，針對參數估計值如下顯示路徑係數。

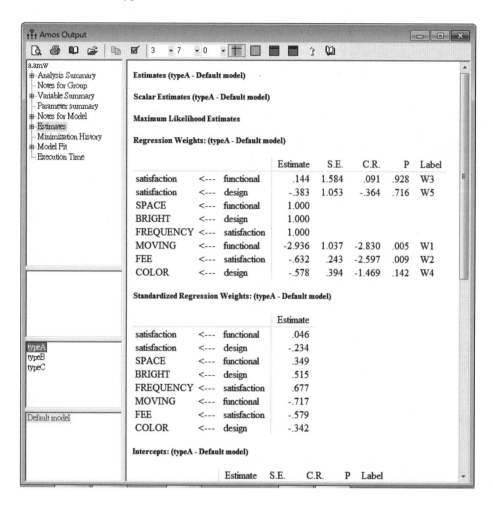

點一下 typeB，針對參數估計值如下顯示路徑係數。

Amos Output

a.amw
⊞ Analysis Summary
— Notes for Group
⊞ Variable Summary
— Parameter summary
⊞ Notes for Model
⊞ Estimates
— Minimization History
⊞ Model Fit
— Execution Time

Regression Weights: (typeB - Default model)

			Estimate	S.E.	C.R.	P	Label
satisfaction	<---	functional	1.811	5.886	.308	.758	W32
satisfaction	<---	design	-2.380	14.510	-.164	.870	W52
SPACE	<---	functional	1.000				
BRIGHT	<---	design	1.000				
FREQUENCY	<---	satisfaction	1.000				
MOVING	<---	functional	-2.936	1.037	-2.830	.005	W1
FEE	<---	satisfaction	-.632	.243	-2.597	.009	W2
COLOR	<---	design	-.578	.394	-1.469	.142	W4

Standardized Regression Weights: (typeB - Default model)

			Estimate
satisfaction	<---	functional	.689
satisfaction	<---	design	-.666
SPACE	<---	functional	.342
BRIGHT	<---	design	.260
FREQUENCY	<---	satisfaction	.586
MOVING	<---	functional	-.782
FEE	<---	satisfaction	-.548
COLOR	<---	design	-.161

Means: (typeB - Default model)

	Estimate	S.E.	C.R.	P	Label
functional	.097	.104	.940	.347	h12
design	-.248	.226	-1.097	.273	h22

Intercepts: (typeB - Default model)

	Estimate	S.E.	C.R.	P	Label

typeA
typeB
typeC

Default model

點一下 typeC，針對參數估計值如下顯示路徑係數。

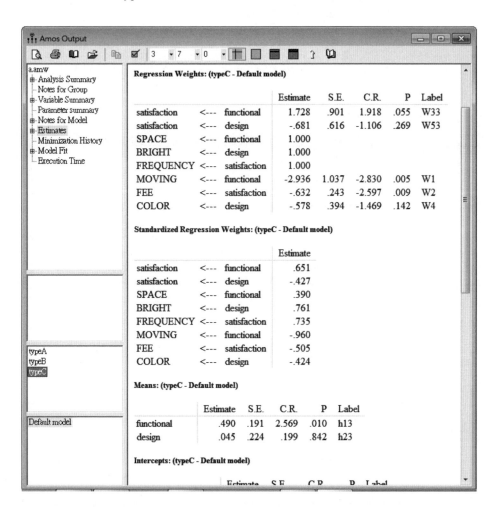

步驟 4　按一下模式適合度（Model Fit）。
　　　　　如下顯示有關適合度的統計量。

Amos Output

a.amw
- Analysis Summary
  - Notes for Group
- Variable Summary
  - Parameter summary
- Notes for Model
- Estimates
  - Minimization History
- Model Fit
  - Execution Time

typeA
typeB
typeC

Default model

Model Fit Summary

CMIN

Model	NPAR	CMIN	DF	P	CMIN/DF
Default model	51	21.552	30	.870	.718
Saturated model	81	.000	0		
Independence model	36	61.747	45	.049	1.372

Baseline Comparisons

Model	NFI Delta1	RFI rho1	IFI Delta2	TLI rho2	CFI
Default model	.651	.476	1.266	1.757	1.000
Saturated model	1.000		1.000		1.000
Independence model	.000	.000	.000	.000	.000

Parsimony-Adjusted Measures

Model	PRATIO	PNFI	PCFI
Default model	.667	.434	.667
Saturated model	.000	.000	.000
Independence model	1.000	.000	.000

NCP

Model	NCP	LO 90	HI 90
Default model	.000	.000	4.813
Saturated model	.000	.000	.000
Independence model	16.747	.067	41.468

FMIN

Note

10.11 輸出結果的判讀

1. CMIN 是卡方值

（顯著）機率 0.870 > 顯著水準 0.05

可以認為模式是合適的。

如（顯著）率 < 顯著水準 0.05 時，可以認為模式是不合適的。

下圖為自由度 30 的卡方分配。

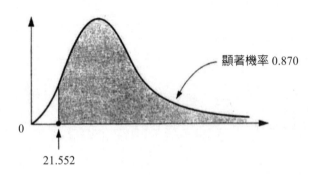

2. NFI = 0.651

當 NFI 接近 1 時，模式的適配可以說是好的。

此處 NFI = 0.651，因之模式的適配可以認為是好的。

3. RMSEA 未滿 0.05 時，模式的適配可以說是好的

當 RMSEA 在 0.1 以上時，模式的適配可以說是不好的

此處 RMSEA = 0.000，因之模式的適配可以認為是好的。

4. AIC 是赤池資訊量基準。

如 AIC 為小的模式是好的模式。

 Tea Break

有興趣的讀者可參閱另一書《醫護統計與 AMOS 使用手冊》。

一點靈

步驟 1	想輸出標準化估計值時,從〔檢視〕的清單中,選擇〔分析性質〕。

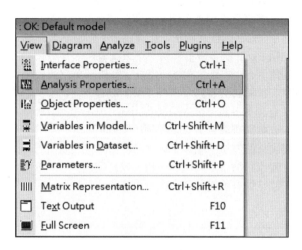

步驟 2	接著在輸出的 Tab 中,勾選: 　　□標準化估計值 再關閉分析性質的視窗,即可計算估計值。

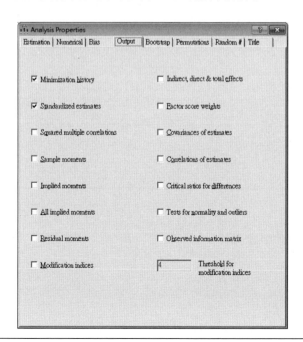

參考文獻

1. 內田、醍醐（1992）。成功的意見調查入門。日本經濟新聞社。
2. 內田、醍醐（2001）。實踐意見調查入門。日本經濟新聞社。
3. 內田治（1996）。利用 Excel 的統計解析。東京圖書。
4. 內田治（1996）。利用 Excel 的多變量解析。東京圖書。
5. 內田治（1997）。利用 Excel 的意見調查、累計、解析。東京圖書。
6. 川矢田篤輝（1998）。行銷研究實務。日刊工業新聞社。
7. 飽戶弘（1987）。社會調查手冊。日本經濟新聞社。
8. 原、海野（1984）。社會調查演習。東京大學出版會。
9. 有馬（1987）。市場調查的方法。朝倉書店。
10. 廣津千尋（1992）。臨床試驗資料的統計解析。廣川書店。
11. 丹後俊郎（1986）。臨床檢查的統計學。朝倉書店。

國家圖書館出版品預行編目資料

圖解意見調查分析／陳耀茂編著. －－初
版.－－臺北市：五南圖書出版股份有限公
司, 2023.08
　面；　公分
ISBN 978-626-366-392-3 (平裝)

1.CST: 統計分析　2.CST: 統計套裝軟體
3.CST: 意見調查

512.4　　　　　　　　　112012140

5B1F

圖解意見調查分析

作　　　者 ― 陳耀茂（270）

發 行 人 ― 楊榮川

總 經 理 ― 楊士清

總 編 輯 ― 楊秀麗

副總編輯 ― 王正華

責任編輯 ― 張維文

封面設計 ― 陳亭瑋

出 版 者 ― 五南圖書出版股份有限公司

地　　　址：106台北市大安區和平東路二段339號4樓

電　　　話：(02)2705-5066　　傳　　真：(02)2706-6100

網　　　址：https://www.wunan.com.tw

電子郵件：wunan@wunan.com.tw

劃撥帳號：01068953

戶　　　名：五南圖書出版股份有限公司

法律顧問　林勝安律師

出版日期　2023年8月初版一刷

定　　　價　新臺幣420元

經典永恆・名著常在

五十週年的獻禮——經典名著文庫

五南,五十年了,半個世紀,人生旅程的一大半,走過來了。

思索著,邁向百年的未來歷程,能為知識界、文化學術界作些什麼?

在速食文化的生態下,有什麼值得讓人雋永品味的?

歷代經典・當今名著,經過時間的洗禮,千錘百鍊,流傳至今,光芒耀人;

不僅使我們能領悟前人的智慧,同時也增深加廣我們思考的深度與視野。

我們決心投入巨資,有計畫的系統梳選,成立「經典名著文庫」,

希望收入古今中外思想性的、充滿睿智與獨見的經典、名著。

這是一項理想性的、永續性的巨大出版工程。

不在意讀者的眾寡,只考慮它的學術價值,力求完整展現先哲思想的軌跡;

為知識界開啟一片智慧之窗,營造一座百花綻放的世界文明公園,

任君遨遊、取菁吸蜜、嘉惠學子!